# 하나님의
# 더 깊은 생각

# 하나님의 더 깊은 생각

고이고이 인도하심을 받은 기독 작가들의 고백

구자천 지음

강같은평화

추천의 글

# 믿음의 감격이 있습니까?

솟아나는 새순을 보면서 가슴이 뭉클한 적이 있습니까?

피어 있는 꽃을 보면서 미소를 지은 적이 있습니까?

굴러다니는 낙엽을 보면서 눈물을 글썽거린 적이 있습니까?

말씀을 읽으면서 하나님의 사랑이 가슴에 와 닿아 눈시울을 붉힌 적이 있습니까?

오래전이 아니라 오늘 그렇게 감동과 감격이 있느냐는 말입니다. 신앙은 하나님 때문에, 그 아들 예수의 십자가 때문에, 그리고 오늘도 우리와 함께하시는 성령님 때문에 감격하게 합니다. 감격이 없이 메마른 토양처럼 되었다면 갈고 물을 뿌려 부드러운 땅, 옥토가 되게 해야 합니다.

에스겔 34장 11절에 보면 하나님이 친히 "나 곧 내가 내 양을 찾고 찾되"라고 하셨습니다. 하나님은 자신에게 속한 양, 소중히 여기고 사랑하는 양을 찾아 구해내겠다고 에스겔 선지자의 입을 빌려 약속하셨습니다. 찾고 찾는다는 말은 찾을 때까지 결코 포기하지 않는 모습을 강조한 말입니다. '숙고해서 찾다', '탐색하다'라는 뜻이 담겨 있습니다. 양을 잃은 목자는 잃은 양을 찾기 위해 양이 남긴 발자국을 더듬어 쫓아갑니다. 양의 평소 습성을 이리저리 헤아려 어느 쪽으로 갔을지 판단하고 부지런히 걸음을 옮깁니다. 양을 향한 사랑과 그 사랑에 근거한 목자의 의지를 볼 수 있습니다.

목자는 좋은 조건에서만 양을 찾는 것이 아닙니다. 굵은 비가 쏟아질 듯한 흐린 날에도, 한 치 앞을 분간할 수 없는 캄캄한 때에도 목자는 양을 찾아 건져낸다고 했습니다. 자신마저 길을 잃을 수 있는 절박함 속에서도, 도저히 양을 찾을 수 없는 불가능한 상황 속에서도 주저하지 않고 생명을 건 찾고 찾음이 있다고 했습니다.

그렇게 찾는 이유는, 그 양이 값이 나가는 건강하고 살진 양이기 때문이 아닙니다. 목자는 가시에 걸려 찢긴 양, 맹수에게 쫓겨 지쳐 있는 양, 병들고 약하여 돌보지 않으면 생명을 부지할 수 없는 그런 양을 더 사랑하고 찾으신다고 했습니다. 목자는 찾아낸 양들을 복된 곳으로 인도합니다. 안전한 산기슭과 시냇가로 데려가 먹고 마시고 쉬게 합니다. 쉴 만한 물가 푸른 초장으로 인도합니다.

이 책에는 이런 목자의 사랑을 깨닫고 주님의 말씀을 깊이 묵상한 작가들의 감동적인 이야기가 소개되어 있습니다. 모두 고난 가운데 복된 길로 인도하시는 하나님의 섭리를 믿음의 눈으로 보았습니다. 아침저녁으로 말씀을 읊조리고 묵상하며 하나님의 뜻을 구했고, 깨달아 순종함으로 일반 사람들이 쉽게 경험할 수 없는 주님의 세계를 알게 된 작가들의 소중한 경험이 오롯이 담겨 있습니다. 그들의 묵상은 하나님의 영광을 드러내는 큰 걸음이 되었고 어느새 부족함 없이 당당한 삶을 살고 있는 자신을 발견하게 되어 "내 잔이 넘치나이다!"라고 고백하게 되었습니다. 목자의 사랑을 깨달은 감동의 노래가 있는 글입니다.

여러분의 삶이 가물어 메마른 땅 같아 힘들고 고달프십니까? 하나님을 향한 깨달음과 감동으로 적셔 생명이 새롭게 약동하는 은혜의 삶이 되기를 원하십니까? 잃었던 은혜의 감동을, 잊었던 목자의 사랑을 다시 찾기를 원하는 분들에게 우리 시대의 기독인 작가들을 만나볼 수 있는 이 책을 권합니다. 깊이 생각하며 읽노라면 깊은 마음속에서 새로운 감동이 솟아남을 경험하게 될 것입니다.

아카시아 향이 가득한 장석교회 뜰에서

**이용남 목사**

얼마 지나지 않아 연락이 왔습니다. 무턱대고 사표를 던진 뒤였습니다. 어지간히 알려진 잡지사의 편집장 자리였습니다. 대표되시는 분을 만나 면접도 무난히 치렀습니다. '그래, 나도 올라갈 때가 됐지. 그럴 만해' 하고 속으로 흐뭇해했습니다. 왠지 잘 풀릴 것 같았습니다.

하지만 일주일이 지나도 출근하라는 말이 없었습니다. 혹시나 싶어 수 주를 더 기다려봤지만 전화는 울리지 않았습니다. 그 후 1년이나 저를 불러주는 곳은 아무데도 없었습니다. 매일같이 구인란을 뒤적이며 아는 사람 주위를 기웃거리고 부탁도 해봤지만 모두 헛수고였습니다.

하나님은 부족함 없이 채워주시는 분이라는 말을 수도 없이 들어왔습니다. 간곡하게 읽었던 마태복음에도, 생선을 달라는 자식에게 뱀을 쥐여주는 아버지가 어디 있겠느냐고, 하나님 아버지는 구하는 자에게 좋은 것으로 주신다고 쓰여 있었습니다. 곰곰이 생각해봤습니다. 이 구절이 변치 않는 진리이자 그분의 신실한 약속이라면, 제가 아직 구하지 않은 것이 있음이 분명했습니다.

다시 차분히 읽어봤습니다. 뜻밖으로 마태복음 7장의 초두는 "비판하지 말라"는 말씀이었습니다. 이어 네 눈 속에 있는 들보는 왜 깨닫지 못하느냐는 구절이 저를 나무라는 듯했습니다. 하나님께 매달려 구하는 것은 나중 일이었습니다. 자기 눈의 들보를 빼내는 것이 먼저였습니다.

'회사 사람들과 사이가 좋았으면 몇 개월 더 일할 수 있었을 텐데…….'

처음으로 후회가 들었습니다. 관계에 실패했다는 것을 그때까지 몰랐습니다. 양보할 수 없는 확신 때문에 그만뒀다고 말해왔지만, 실은 핑계에 지나지 않았습니다. 꽤나 까다롭게 따져가며 일했었습니다. 상급자 앞에서도 제 주장을 굽히는 경우는 드물었습니다. 저는 친해지기 어려운 사람이었습니다.

예민했던 중학생 시절이었습니다. 아버지는 큰 사기를 당했고, 저희가 살던 집은 하루아침에 남의 손에 넘어가버리고 말았습니다. 아버지를 많이 원망했습니다. 리더십을 대하기 어려워하고 비판적 시선으로 바라봤던 건 아버지와의 관계에 문제가 있었기 때문입니다.

제일 먼저 부모님 집을 찾았습니다. 가난이 싫었을 뿐이었다고,

무뚝뚝하고 뻣뻣하게만 굴어서 죄송하다고 용서를 구했습니다. 안 그럴 줄 알았는데 내내 목이 메고 울컥거렸습니다. 부모님은 아무것도 해준 게 없어서 미안하다며 마흔이 가까운 아들을 꼭 안아주었습니다.

저의 못된 성미를 겪은 상사들에게도 편지를 보냈습니다. 뉘우친 것을 솔직하게 썼습니다. 사과의 뜻도 함께 전했습니다. 묵은 체증이 내려간 듯 가슴이 후련해졌습니다. 어우러질 줄 아는 사람이 지혜롭고 현명한 사람이란 걸 뒤늦게 배웠습니다. 하나님도 저를 가만 지켜보시다 '옳거니!' 하고 웃으시는 것 같았습니다.

이후 아는 분이 기획하고 있는 책을 같이 써보자고 손을 내밀어 주었습니다. 다른 지인은 경력이 일천한 저에게 과감하게 번역을 맡겨 왔습니다. 그토록 원했던 바쁜 날이 이어졌습니다. 글을 쓰며 지내고 싶은 바람을 아시고 하나님이 한 발 한 발 잡아당겨 주신 것이라고 믿고 있습니다.

이번 책에는 여러 작가들의 묵상을 담았습니다. "하나님의 말씀에 의지해 여기까지 왔다"는 저들의 고백에서 '짙은 향이 나는 것 같다', '올곧고 단단하다'는 느낌을 받았습니다. 눈을 감고 말씀을 깊이 생각해보는 시간을 긴 세월 쌓아왔기 때문일 것입니다.

소소한 일상 곳곳에서 하나님과 교제하는 삶이 부러웠습니다. 저들에게선 현실의 고단함보다 말씀의 신실함이 더 크고 더 무겁게 보였습니다. 하나님을 선한 목자라고 고백하는 사람이라면 누구나 가야 할 길이라는 생각이 들었습니다.

적지 않은 시간을 허락해주시고 자신의 삶을 솔직하게 나눠주신 작가 분들에게 감사의 인사를 올립니다. 오래 인내하고 기다려주신 출판사 강같은평화에도 진심으로 감사를 전합니다. 그리고 저를 회복시키려 저를 대신해 십자가에 못 박혀 돌아가신 예수님, "사랑합니다."

구자천

## 차례

# ▪ 마음이 가난한 자에게 음성을 들려주신다

■
## 이철환 작가

고달픈 가운데서도 마음만은 풍요롭게 간직하며 사는 사람들의 이야기를 써왔다. 고통스런 이명을 앓으며 가난한 심령이 복이 된다는 진리를 깨달았다. 삶의 정황과 말씀이 만나는 뭉클한 순간을 얻기 위해 오늘도 한 구절 한 구절 성경을 암송하고 외운다. 간절함을 담아 뜻을 곱씹고 있으면 평안이 깃들고 어질러진 생각이 스르르 정돈되는 느낌이 든다.

**쓴 책** 『연탄길』, 『행복한 고물상』, 『곰보빵』, 『보물찾기』, 『못난이만두 이야기』, 『반성문』, 『눈물은 힘이 세다』, 『위로』 등 다수.

## 심령이 가난한 자는 복이 있나니 천국이 그들의 것임이요

마5:3

"방이 좀 지저분해요. 부끄럽긴 한데……. 먼저 보여드리고 말씀드리는 게 나을 것 같네요."

이철환 작가가 성큼성큼 거실을 가로지르더니 작업실로 쓰고 있는 방문 손잡이를 잡아 돌렸다. 한쪽 벽을 꽉 채운 붙박이장을 보는 순간 "와!" 소리가 절로 나왔다. 원목 색을 애써 감추려 했는지 천장 바로 아래부터 바닥 경계선까지 성경 말씀이 적힌 종이들로 촘촘했다. 반백 장이 족히 넘어 보였다. 다시 거실로 나와 찬찬히 둘러보니 화장실과 현관, 냉장고에도 친근한 말씀이 색색의 글씨로 떡하니 붙어 있다.

"저한텐 하나님을 만나는 가장 좋은 방법이에요."

이철환 작가가 건네는 말이 "이거 중요하다. 밑줄!" 하고 짧게 끊어지는 수업 시간 선생님 말씀처럼 들렸다. 필히 밑줄을 그을 만큼 살아가는 데 중요한 부분이라는 것을 에둘러 표현한 듯했다.

마음이 동한 구절이나 목사님이 주일예배에서 들려준 설교 본문을 볼펜으로 꾹꾹 눌러쓰고 벽에 붙이기를 햇수로 8년째. 막 아침잠을 떨친 뿌연 눈으로 더듬더듬 읽고 가만 곱씹고 있으면 어질러져 있던 생각이 슬그머니 정돈되는 느낌이 들었다. 그렇게 구석구석 들여다보며 반년쯤 지내면 써 붙인 말씀을 토씨 하나 틀리지 않고 대부분 암송할 수 있었다. '이건 꼭 외워야지.' 마음먹고 덤벼든 구절도 꽤 되었다. 이러다가 대한민국에서 성경 구절을 가장 많이 암송하는 평신도가 될지도 모른다는 생각이 떠올라 피식 웃음이 나오기도 했다. 사연이 있었다.

어느 신학대학교의 초청을 받아 강연을 하러 갔을 때였다. 새 학기를 앞둔 신대원생들이 신앙사경회 이름으로 모인 자리였다. 소통이 화두였다. 마침 즐겨 외워둔 시가 여러 편 있어 이철환 작가는 여러 시를 적절히 낭송하면서 이야기를 풀어나갔다. 거기에는 제법 긴 시도 있었다. 강의 끄트머리에 한 학생이 번쩍 손을 들었다.

"강연 잘 들었습니다. 굉장히 긴 시도 외우시던데, 암송하고 계신 성경 말씀 중에 들려주고 싶은 것이 있으면 하나 부탁드리겠습니다."

잠시 신경전이 오갔다. '성경은 잘 알고 있는지 어디 한번 보자'

는 식의 비꼬는 투였다. 당황스러웠다. 당시 이철환 작가가 제대로 기억하는 말씀은 "새 계명을 너희에게 주노니 서로 사랑하라. 내가 너희를 사랑한 것같이 너희도 서로 사랑하라"는 요한복음 한 구절이 고작이었다. 학생들에게 소개한 장문의 시에 비하면 형편없이 초라했다. 그 세 줄로 끝내자니 자존심이 허락하지 않았다. 고민이 되었지만 달리 방법이 없었다.

"영어로 해도 될까요?"

이철환 작가는 로마서 5장을 읊어 내려갔다. 대학 시절 영어 공부하려 암기했던 단락을 조심스레 혀 굴러가는 소리로 되새겼다. 거의 20년 만이었다. 노량진 학원가에서 영어 강사로 밥 먹고살 때 한두 번 연습해봤는지도 모른다. 다행히 막히는 데 없이 길게 암송했다.

돌아오는 길에 여러 생각이 교차했다. 망신만 당하고 허무하게 끝나버리지 않게 하나님이 아주 오래전에 이 강연을 준비하게 하셨구나, 안도감이 일었다. 통쾌해하며 고소하다고 킥킥대는 속 좁은 마음도 없지 않았다. 한편으로는 후회가 밀려왔다. 차라리 죄송하다고 고개 숙이고, 앞으로 다부지게 말씀을 읽겠다고 했다면 훨씬 은혜로웠을 것이라고 생각하니 가슴이 답답했다.

말씀을 사모하지 않은 것은 아니었다. 『연탄길』로 이름이 알려지기 전에는 가방을 걸치고도 굳이 성경책을 옆구리에 끼고 다니곤 했다. 병원이나 동네 슈퍼에 가면 할머니들이 "목사님이세요?"

물으며 환하게 맞아주셨다. 저마다의 상황을 정확하게 설명해줄 수 있는 책은 성경이 유일하다는 확신은 조금도 변함이 없다.

이철환 작가는 갈증을 느꼈다. 낭독하는 시보다 깊이 성경을 음미하기로 다짐한 게 그즈음이었다. 은혜를 더 확실하게 자기 것으로 만들고 싶었다. 그리고 한 구절 두 구절 말씀을 암송하기 시작했다.

500년 전 서른 살의 마틴 루터는 로마 베드로 성당의 빌라도 계단을 무릎으로 오르고 있었다. 자신의 몸을 혹사시키고 괴롭게 해야 죄를 용서받을 있다는 생각에 당시 많은 사람들이 무릎이 파이고 피가 흐르는 것을 마다하지 않고 고행을 택했다. 아픔을 참으며 힘겹게 한참을 올라가던 마틴 루터에게 갑자기 말씀 한 구절이 섬광처럼 떠올랐다.

"오직 의인은 믿음으로 말미암아 살리라"(롬 1:17).

마틴 루터는 바로 자리를 털고 일어나 계단을 도로 걸어 내려왔다. 고행이 구원을 가져다주지 못한다는 큰 깨달음을 딛고 이후 종교개혁에 매진했다.

이철환 작가도 불현듯 말씀이 생각나 차분하게 그 뜻을 헤아려보는 때가 종종 있다. 특별히 좋은 소식을 들어서 그런 것이 아니고, 실망스런 결과를 맞아서 그런 것도 아니다. 오히려 아무 할 일 없는 한가한 오후 가볍게 산책을 하거나 거실 테이블에 앉아 은은한 커피 향을 느끼다 스르르 하나님을 의식하게 된다. 임재라고 말할 수 있을 것 같다. 벽에 말씀을 붙이고 나서 맞은 가장 큰 변화다.

이철환 작가는 북한산 끝자락에 산다. 아파트 옆, 길 하나 건너에 숲이 있고 사람들이 오가며 밟은 딱딱한 산책길이 꼬불꼬불 이어나 있다. 어느 날 창문 너머 초록색 잎사귀들을 쓰다듬으며 바라보다가 신명기 11장 말씀이 떠올라 괜스레 뭉클해졌다.

"너희가 건너가서 차지할 땅은 산과 골짜기가 있어서 하늘에서 내리는 비를 흡수하는 땅이요 네 하나님 여호와께서 돌보아주시는 땅이라. 연초부터 연말까지 네 하나님 여호와의 눈이 항상 그 위에 있느니라"(신 11:11~12).

평탄한 걸음을 가로막는 산과 사이사이에 있는 깊은 골짜기가 인생살이를 고단하게 하지만 거기에 물이 흐른다는 사실이 새삼스러웠다. 산은 하늘에서 내리는 비를 흠뻑 빨아들였다가 시원하게 아낌없이 흘려보낸다. 거기서 잠시 쉬어 가도 괜찮다. 땅은 하나님의 사랑이 머무는 곳이다. 그리고 그 땅을 하나님께서 친히 돌보아주신단다. 이철환 작가는 목이 메었다. 힘을 내라고 마음에 비를 뿌리시는 것 같아 한동안 눈을 감고 머물렀다.

어쩌다 목돈이 생겼을 때는 하박국 선지자의 말씀이 가만히 가슴에 들어온다. 포도나무에 열매가 맺히지 않고, 감람나무에 소출이 없고, 외양간마저 텅 비어 있는데도 기뻐하고 감사하는 기도가 멋지긴 하지만, 아직까지는 도전이 되는 조금 부담스러운 메시지다. 재정에 안정감을 두었다는 얘기는 돈을 의지했고 돈에 기대와 열망이 있다는 말과 별반 다르지 않을 것이다. 돈을 좇아 살지 않겠다는 진실한 고백을 자꾸 연습하게 된다.

"내게 능력 주시는 자 안에서 내가 모든 것을 할 수 있느니라."

빌립보서 4장 13절의 비밀도 새롭게 깨쳤다. 긍정을 품는 데 더할 나위 없이 좋은 말씀이다. 하지만 세월은 할 수 있는 일보다 할 수 없는 일이 훨씬 많다는 교훈을 던져주었다. 세상살이가 만만치 않은 법이니 가급적 몸을 사리며 눈치 보고 살라고 가르쳐주었다. 12절을 같이 외우기 전까지는 그랬다. 조건이 있었다. 비천에 처할 줄도 알고 풍부에 처할 줄도 아는 마음가짐이 먼저였다.

사람이라면 누구나 풍부와 궁핍을 같이 맛본다. 잘나가는 기업을 이끄는 총수도 그만의 궁핍을 느낄 것이다. 어느 상황에 처하든 거기에 얽매이지 않고 마음을 빼앗기지 않는 것이 행복의 열쇠다. 그럴 때 비로소 모든 것을 할 수 있는 사람이 된다는 진리가 이철환 작가에게는 가히 충격으로 다가왔다.

"가끔씩 하나님의 음성을 들었다는 사람을 만나면 그다지 신뢰가 가지 않았어요. 물리적으로 어떻게 하나님의 목소리를 들었다는 것인지 회의가 들었습니다. 하나님의 뜻인 것 같다는 말은 백 번 천 번 공감했지만요. 그런데 말씀을 암송하면서부터 하나님의 음성을 듣는다는 게 뭔지 알게 되었어요. 때에 맞는 말씀이 떠오르고 갑작스레 제 안에 스며드는 것이지요. 말씀을 외우지 않았다면 하나님의 뜻을 헤아리지 못했을 겁니다. 저는 그렇게 양이 되어 목자를 따라가는 것 같습니다."

삶의 정황과 말씀이 접점을 찾고 그 범위를 넓혀가는 과정을 이철환 작가는 '말씀의 내면화'라고 불렀다. 내면화가 되어야 말씀이 행위로 옮아갈 수 있다는 말도 덧붙였다. 행함으로 이어지지 않는 말씀은 그저 공허한 소리에 지나지 않는다고.

"박수는 사람을 병들게 하는 것 같아요."

이철환 작가는 보통 일주일에 세 번 정도 강연을 나간다. 대단한 지식을 갖고 있지도 않고, 자랑할 만한 지혜를 쌓아놓은 것도 아니어서 언제나 아는 만큼만 담백하게 전하고 끝을 맺는다. 그런데 어느새부턴가 생각이 복잡해졌다. 더 많은 박수를 받고 싶은 욕심은 애당초 없었다. 청중의 반응이 시원찮은 것에 크게 휘둘린 것도 아니었다. 그럼에도 강연 요청을 받고 혼자 불안해하는 일이 잦아졌다.

밤새 강연 자료로 쓸 그림을 직접 그리다 보면 아침 시간을 훌쩍 넘길 때가 많았다. 꼬박 밤을 새우고 겨우 한 시간 눈 붙였다가 서둘러 나가기도 했다. 집착이었다. 모두가 공감하고 단 한 명도 빠짐없이 동의하는 제대로 된 강연을 해보겠다는 강박에 쫓겼던 거다. 여느 때처럼 소곤소곤 말씀을 외우다 이철환 작가는 만족을 발견하고 마음을 놓았다.

“여호와여 내 마음이 교만하지 아니하고 내 눈이 오만하지 아니하오며 내가 큰일과 감당하지 못할 놀라운 일을 하려고 힘쓰지 아니하나이다”(시 131:1).

세상은 깜짝 놀랄 만한 재능이 아니면 좀처럼 인정해주지 않는다. 항상 일등을 찾고 늘 최고에게로 눈을 돌린다. 가족들도 그런 것 같다. 대부분 부모는 자녀에게 “너는 큰 사람이 되어야 한다”고 격려를 가장한 부담을 얹어준다.

하지만 하나님은 달랐다. 일을 바짝 끌어안으며 조바심 내지 않아도 괜찮다고 하시는 것 같았다. 긴장을 풀고 좀 떨어져서 당신이 돕는 모양을 지켜보라고 어깨를 다독이시는 듯했다. “힘쓰지 아니하나이다” 굳이 완벽하게 보일 필요가 없다는 뜻으로 다가왔다. 이철환 작가는 시편 기자의 짧은 고백에서 진실한 마음의 위로를 얻었다.

일 년에 한 차례나 될까? 이철환 작가도 여느 부부처럼 사소한 일로 다툼을 벌인다. 그러다 큰 싸움으로 번지기도 한다. 격한 감정이 잦아들면 이내 후회한다. 턱없이 화를 낸 게 아닌가 싶다. 예수님을 믿는 사람으로서 거룩한 모습과 멀리 떨어진 자신을 볼 때 영 못마땅하다. 아내도 마찬가지일 것이다. 그럴 때 다시 말씀이 생각난다. 이번 것은 벽 오른쪽 언저리에 붙여두었다. 사람은 입의 대답으로 기쁨을 얻는 법인데 때에 맞는 말이 얼마나 아름다우냐는 잠언 말씀이 마음 한 구석을 쿡쿡 찔러댄다. 회개는 빠를수록 좋다. 아내에게 건넬 말도 생각해두었다.

"말씀이 머릿속을 떠나가도록 내버려둔 적도 있었어요. 외우지 않으니까 잊어버리는 거죠. 묵상으로 이어지지 않은, 필요에 의해 외운 말씀은 공허해요. 강연에서 아무리 강조해도 감동을 줄 수 없어요. 열정도 식고 재미도 반감되더라고요. 은혜가 송두리째 빠져나가는 느낌마저 들었지요. 하지만 곧 다른 깨달음이 왔습니다. 말씀이 이해되든 이해되지 않든 암송하고 있을 때 내면화될 가능성이 높다는 것입니다. 말씀이 내 안에 없으면 삶의 정황이 어떤 말씀과 부딪치는지 알 수 없잖아요. 제가 맞닥뜨린 상황에 꼭 들어맞는 말씀이 나올 때까지 성경을 뒤적거릴 수도 없는 것이고요. 막상 큰 일이 닥쳤을 때 다른 책들은 저를 많이 위로해주지 못했어요."

"심령이 가난한 자는 복이 있나니 천국이 그들의 것임이요"(마 5:3).

이철환 작가는 산상수훈의 팔복에서 깨달은 바가 크다. 팔복을 묵상할 때마다 '성경은 과연 진리구나' 고개를 끄덕이게 된다. 처음에는 그렇지 않았다. 온유한 자에게 복이 있고, 의를 위해 박해받는 자에게 복이 돌아간다는 말은 이해가 되었지만 마음이 가난한 사람에게 복이 있다는 논리는 선뜻 받아들여지지 않았다. 이것을 깨닫기까지 이철환 작가는 혹독한 대가를 치러야 했다.

'세상 사람들을 놀라게 하겠다!'

이철환 작가는 이를 악물고 『연탄길』을 집필했다. 『연탄길 3』이 나올 때까지 7년이나 몸을 혹사시키면서 버텼다. 그것이 화근이 되어 이명을 앓았다. 귀뚜라미 울음소리는 요란하긴 해도 못 견딜 정도는 아닌 듯했다. 병원 대기실은 이명 환자들이 늘어놓는 하소연으로 웅웅거렸다. 굴착기나 포클레인 같은 기분 나쁜 기계음도 나름 참을 만하니 저희들끼리 말이라도 주고받지 싶었다. 하지만 쇠파이프 자르는 소리는 고통 자체였다. 사람 목소리로는 도저히 흉내낼 수 없는 고음이 단 1초도 멈추고 않고 양쪽 귀를 쏘아댔다.

일 년간 문밖출입은 엄두도 내지 못했다. 어지럼증이 심해 바르게 앉아 있는 것도 힘겨웠다. 씻는 것도 괴로워 단정함은 아예 포기하고 지냈다. 일주일에 한 번, 교회에 갈 때만 겨우 세수하고 뒤엉킨 머리에 모자를 눌러썼다. 어두워지면 쇠톱 돌아가는 소리가 더 크게 들려 밤이 깊어도 불을 끌 수가 없었다. 밥도 하루에 한 끼 먹을까 말까. 거의 폐인이었다. 고통에서 벗어나고자 무시로 죽음을 생각했다. 죽음은 존재 저편에 있는 추상이 아니었다. 누구나 손을 뻗으면 바로 닿을 만큼 가까이 있었다.

『연탄길』이 종합 베스트셀러 1위에 오르고 "이철환의 글에는 사람을 착하게 만드는 힘이 있다"고 여기저기서 소곤거렸지만, 정작 이철환 작가 자신은 『연탄길』 책이 눈에 띄기만 해도 안에서 불덩이가 올라왔다. 원망 정도가 아니었다. 지긋지긋한 원수 같았다.

'저것만 아니었어도 이렇게까지 망가지지는 않았을 텐데…….'

결국 우울증이 따라왔다.

"미치도록 고통스러웠지만 하나님이 일으켜주실 것이라는 믿음은 꽉 붙잡고 있었습니다. 목사님 설교를 듣는 것이 그나마 위안이 되었어요. 위로받고 싶었다고 말하는 것이 더 정확하겠네요. 제 안에 신앙이 쌀 한 톨만큼씩이라도 자라고 있었다면 아마 말씀 때문이었을 겁니다."

본당에서는 목사님 목소리가 워낙 쩌렁쩌렁 울려 도저히 감당이 안 되었다. 로비에 설치된 스피커 볼륨도 이철환 작가에겐 큰 부담이었다. 좀 낫지 않을까 싶어 자모실을 찾아가봤지만 시끄럽기는 마찬가지였다. 옆에 있는 화장실에서는 소리가 너무 가느다랗게 들려 무슨 말인지 들리지 않았다. 할 수 없이 밖으로 나와 건물 벽에 붙어 있는 계단을 올라갔다. 계단 끝에 본당을 엿볼 수 있는 조그만 유리창이 있었다. 거기서는 알맞게 작고 불편하지 않게 들렸다. 유리창에 비친 검은 그림자가 남편인 것을 알아본 아내가 눈물을 뚝뚝 흘렸다고 한다. 그 얘기를 전해 들은 이철환 작가의 가슴도 먹먹해졌다.

마태복음과 누가복음에 길을 잃은 양 한 마리 이야기가 등장한다. 몸이 약해 숨이 가빠 뒤처져 못 따라왔을 수도 있고, 평소 주의가 산만해 아무 데나 숨어 골치깨나 썩인 말썽꾸러기일 수도 있다. 제멋대로 살아보겠다고 뛰쳐나간 문제아였는지도 모른다. 어두어

둑해지자 길을 잃은 양은 구슬프게 흐느낀다. 숲 이리저리 헤매느라 몸 곳곳에 상처 자국이 선명하다. 놀란 가슴은 진정되었지만 어디로 가야 할지 막막하기만 하다. 목자와 함께 있을 때가 더없이 소중했다. 점점 후회가 된다.

우울증 약에 기대 절박하게 기도하는 수밖에 없었다. 5년이라는 시간은 몹시 길었다. 어두운 방 안에서 이철환 작가는 죽기 살기로 매달렸다.

"다시 일어설 수 있게 해주십시오. 그러면 저 하나만을 위해 살지 않겠습니다."

조금씩 우울증이 가라앉으면서 정신이 들기 시작했다. 이철환 작가는 마음이 무너지고 나서야 하나님을 생각해내는 연약한 존재가 바로 자신이었다는 사실을 뼈저리게 느꼈다. 가난한 심령이 하나님 앞에 오래 머물게 한다는 말이 과연 진리였다. 성경은 그것을 복이라고 불렀다. 우울증에서 벗어난 것이 이철환 작가에게는 기적과 다름없는 일이었다.

"난감한 문제를 등에 업은 상황에서 성경 말씀이 귀에 쏙쏙 들어오던가요? 아무 일도 없던 것처럼 말씀이 마음에 슬슬 스며들던가요? 저는 아니었거든요. 바로는 아닌 것 같아요. 바닥을 찍고 회복하는 단계에서 무언가가 일렁이는 것을 느꼈어요. 회복하는 단계에서 느꼈다는 것은 문제에서 헤어 나오지 못하고 있을 때부터 하나님의 매만짐이 있었다는 말이죠."

누가복음에 나오는 주인은 건강한 아흔아홉 마리 양을 들에 내버려두고 기어이 잃어버린 양을 찾아 나선다. 남아 있는 무수한 양을 지키는 것보다 길을 잃은 한 마리를 되찾는 일이 주인에게는 훨씬 중요하다. 마침내 양을 발견하고는 어깨에 메고 돌아와 큰 소리로 친구들과 이웃들을 불러내 다시 찾은 기쁨을 나눈다.

이철환 작가는 더는 쓰지 않겠다고 외면했던 글과 다시 마주했다. 다시는 안 볼 것처럼 심각하게 싸우고 난 뒤 극적으로 화해한 경우와 흡사했다. 글에 엮여 어질러진 신세가 억울하고 처량했지만 그렇다고 글을 버릴 수는 없었다. 다른 돈벌이 수단을 구하지 못해서 그런 것이 아니었다. 애정을 갖고 제일 재미나게 할 수 있는 일이 글쓰기였다. 대신 허영심을 거두어냈다. 이명에 시달리게 된 것은 세상을 놀라게 하겠다는 욕심을 절제하지 못한 탓이었다.

우울증 약으로 버티던 기간 이철환 작가는 찢어지게 가난했던 어린 시절의 눈물겨운 추억을 메모지에 생각나는 대로 짤막하게 적었다. 그때 써놓은 메모가 『행복한 고물상』의 글감이 되었다. 『연탄길』에서는 왠지 부끄러워 아닌 듯 숨기듯 썼지만 이번에는 자신의 이야기라고 분명하게 밝혔다. 아픔이 아픔을 다독여주었다. 글쓰기가 덧난 상처를 아물게 하는 치료제 역할을 해주었다. 원래 자리를 되찾은 것이다.

수백만 권이 나간 『연탄길』만큼은 아니었지만 『행복한 고물상』 역시 큰 호응을 얻었다. 이듬해 연달아 출간한 『곰보빵』과 『보물찾기』, 『반성문』도 굳건히 베스트셀러 자리를 지켰다. 지긋지긋했던 『연탄길』이 있었기에 가능했다. 자신을 쓰러뜨린 『연탄길』을 행복하게 읽어준 독자들이 오래 기다리고 반겨주었기에 사랑받을 수 있었다.

그 사이 『연탄길』은 더 큰 걸음을 내디뎠다. 그 안에 수록된 '아름다운 이별'이라는 글은 초등학교 5학년 2학기 국어 교과서에 실려 화제를 모았다. 주요 일간지에서는 일본의 인기 그룹 '스마프' 멤버인 초난강이 『연탄길』을 일본어로 번역해 출간했다는 소식을 크게 다뤄주기도 했다. 뮤지컬 『연탄길』도 무대에 올랐다. 원작에 소개된 120여 편의 에피소드 중에 가장 많은 눈물을 자아낸 여섯 개 이야기를 골라 다시 네 개의 스토리로 재구성했다. 무대에 오른 『연탄길』은 제4회 더 뮤지컬 어워즈에서 '소극장 창작 뮤지컬상'을 수상했다.

객석에서 뮤지컬 『연탄길』 초연을 관람하던 이철환 작가는 굵직한 눈물을 흘렸다. 저 제목 석 자 때문에 얼마나 고통스러웠는지 지난 시간이 새록새록 떠올랐다. 다른 일로 괴로웠다 하더라도 우울증만큼 매섭지는 않았을 것 같다. 세상을 등지고 숨어 지내기까지 했는데 자신이 무너진 것과 상관없이 승승장구하는 『연탄길』을 어떻게 받아들여야 할지 답답하기도 했다.

"하나님, 도대체 『연탄길』은 저에게 무엇입니까?"

이철환 작가는 하나님께 수도 없이 여쭤보았다. 어떤 날은 철저하게 불행을 가져다주는 어둠의 모습이었고, 어떤 날은 환한 행복을 전해주는 빛의 모습이었다. 한때는 『연탄길』이 하나님의 시나리오이자 은혜였다고 간증하고 다녔지만 지금은 자신이 없다. 세상을 놀라게 하는 것이 그리 중요하지 않다는 것을 미리 알았다면 몸과 마음을 미련하게 혹사시키지 않았을 것이다.

"확실한 것은 고달픈 생활에도 마음만은 풍요로운 사람들의 이야기를 쓰도록 인도하셨고, 저 역시 가난한 심령을 누리며 살아가길 하나님이 원하신다는 것입니다."

몰입은 사람을 다치게 하지 않지만 광기는 정신마저 거꾸러뜨리고 만다.

이철환 작가는 요즘에도 밤에 글을 쓰다 '악' 하고 소리를 내지르곤 한다. 글쓰기에 자꾸 빠지려고 하는 자신의 모습이 불편해서다. 전에 박살 났었는데, 이제 제어할 수 있어야 하는데 또 반복되는구나, 나름 갈등하며 작업을 한다. 밤새 눈에 불을 켜고 목숨 걸고 쓴다고 해서 좋은 글이 나오는 것은 아니라고 스스로를 타이르고 어를 때도 있다. 글은 객관화시켜 써야 한다. 욕심과 주관이라는 두 형제는 공감되는 부분을 갉아먹는 못된 습관이 있다. 한 발짝 물러나서 바라보는 여유가 오히려 객관화시키는 힘을 키우는 데 훨씬 효과적인 것 같다.

그럼에도 이명은 나아지지 않았다. 벌써 10년 넘게 안고 살고 있다. 이철환 작가는 이제 이명이 멈추기를 바라지 않는다. 깨끗하게 없어졌다가 1~2년 지나 다시 찾아오면 정말 미치고 팔짝 뛸 것만 같다. 이명이 사라졌을 때 두려움이 짓누르는 무게에 비하면 이명과 어느 정도 친구가 된 지금이 차라리 마음 편하다. 지독한 트라우마다.

"하나님이 인도하시는 방식일지도 모른다는 생각을 합니다. 무리하지 말고 속도를 조절하라는 일종의 경고음으로 들리기도 하거든요."

파리의 오르세 미술관에 가면 장 프랑수아 밀레의 작품 〈만종〉을 감상할 수 있다. 파리에서 남쪽으로 50킬로미터 정도 떨어진 작은 마을 바르비종이 그림의 배경이다. 멀리 교회에서 저녁 종을 울려 땅거미가 지고 있음을 알린다. 석양이 지는 쪽에 보릿단이 수북이 쌓여 있는 것을 보니 추수 기간임이 틀림없다. 하지만 부부가 오늘 거둔 수확은 자잘한 감자뿐이다. 내다 팔 감자는 손수레에 싣고 자신들이 먹을 감자를 발치의 작은 바구니에 담았다. 수확한 보리가 없으니 빵은 한동안 구경도 못할지도 모른다. 그럼에도 두 손을 모으고 경건하게 감사의 기도를 올린다.

이철환 작가와 얘기를 나누는 동안 산새들이 날개를 퍼덕이며 거실 창문가를 기웃거렸다. 살펴보니 본래 초콜릿 과자가 담겨 있었을 법한 하얀 플라스틱 통이 난간에 놓여 있다. 이철환 작가가 손수 마련한 모이 그릇이다. 힘센 곤줄박이가 먼저 와 있던 박새를 툭 밀어내고 콕콕 모이를 쪼아 먹었다. 다 먹지 않는다. 제 배만 채우고 조금 둘러보는 듯하더니 더 욕심 부리지 않고 파르르 날아가버린다. 1미터 지척에 있던 아까 그 박새가 재빨리 자리를 대신했다. 몸집이 작은 박새는 또 다른 불청객이 오지 않을까 이리저리 눈치를 보며 조급하게 부리질을 해댔다. 박새가 자리를 뜨고 얼마 지나지 않아 곤줄박이 두 마리가 찾아왔다. 약한 박새를 쫓아냈던 곤줄박이가 이번에는 친구를 데려온 모양이다.

"공중의 새를 보라. 심지도 않고 거두지도 않고 창고에 모아들이지도 아니하되 너희 하늘 아버지께서 기르시나니 너희는 이것들보다 귀하지 아니하냐"(마 6:26).

이철환 작가는 작은 새들에게서 하나님의 말씀이 완성되는 것을 본다. 거저먹을 곳이 있다는 게 얼마나 좋을까. 말씀에 나온 대로 심지도 않고 거두지도 않으면서 온전히 하루 먹을 양식을 누리는 새들이 부럽기만 하다. 저들 안에도 약육강식의 법칙이 존재하겠지만, 창고에 무언가를 쌓아두지 않고 지낼 수 있다는 것만으로도 분명 사람보다 행복할 것이다. 그리고 새들의 날갯짓을 볼 때마다 마냥 흐뭇해진다. 별것 아닌 수고지만 말씀이 완성되는 과정에 동참했다는 기쁨이 있다. 세상이 줄 수 없는 평안을 맛본다.

"아내에게도 가끔씩 얘기해요. 원고 쓰지 않아도 되고 강연 같은 것 안 해도 된다고요. 궁핍을 겪는다 해도 지금 누리고 있는 평안, 이 평안함 가운데서 감사하면서 살아갈 수 있으면 그게 최고의 행복이 아니겠냐고요."

어느 순간 하나님이 자신의 삶을 송두리째 이끌고 가신다는 믿음에는 전제 조건이 있어야 한다는 생각이 들었다. 언성 높이고 혈기 부리고 살면서, 그분이 인도하고 계시는데 잠깐 빗나가기로서니 아무러면 어떠냐고 얼버무려서는 안 될 것 같다. 하나님의 이끄심에 적극적으로 동참하지 않는다면 어쩌면 그것은 빈 껍질에 불과한 믿음일지도 모른다는 답을 얻었다. 그래서 이철환 작가는 오늘도 눈을 감고 말씀을 암송하고 조용히 뜻을 묵상한다.

# ▪ 놀라운 계획을 말씀 안에 넣어두셨다

**김경섭** 대표

19년째 한국리더십센터를 이끌고 있다. 직원들을 섬긴다는 심정으로 운영하고 있다. 3~4년이 지나자 직원들이 전사적으로 일하기 시작했다. 직원 수도 3명에서 180여 명으로 껑충 늘었다. 말씀을 따랐기 때문이다. "남을 먼저 대접하라"는 말씀은 지금도 두고두고 묵상하는 하나님이 주신 원칙이다.

**쓴 책** 『자녀 교육의 원칙』.

**옮긴 책** 『성공하는 사람들의 7가지 습관』, 『소중한 것을 먼저 하라』, 『원칙중심의 리더십』, 『결정적 순간의 대화』, 『신뢰의 속도』, 『성공하는 10대들의 7가지 습관』, 『스티븐 코비의 오늘 내 인생 최고의 날』 등 다수.

## 남에게 대접을 받고자 하는 대로 너희도 남을 대접하라

눅 6 : 31

경기도 안성시 보개면, 너른 들 나직한 산이 정겹다. 면사무소에 물어보니 만 명도 안 되는 6300여 주민이 열아홉 개 시골 마을에 골고루 흩어져 살고 있단다. 얼마 전 한 회사가 보개면으로 이사를 왔다. 아예 서울 사무실을 정리하고 본사를 통째로 옮겼다.

사정이 어려워져 울며 겨자 먹기로 시골살이를 택했다고 생각한다면 오해다. 한 해 매출이 240억 원이나 되는 견실한 기업이다. 저렴한 공장 부지를 운 좋게 구해서 부랴부랴 짐을 싼 것도 절대 아니다. 주로 기업 CEO와 임원진, 청소년들의 숨은 리더십을 일깨워주는 교육 전문 회사다. 분명 서울이 텃밭일 텐데도 무슨 연유인지 과감히 일터를 바꿨다.

직원들도 묵묵히 따라나섰다. 서울 생활을 접고 회사 내 숙소, 바로 옆 아파트에 거처를 새로 마련했다. 말 잘 듣는 사람들만 엄격하게 가려 뽑았는지 180여 직원 중에 이탈자가 30명 안쪽이었다. 대부분 배우자가 서울을 비울 형편이 못돼 어쩔 수 없이 안녕을 고했다. 거꾸로 안성에서 서울로 출퇴근을 결심한 배우자도 여럿 있었다. 다행히 별다른 후유증 없이 새 보금자리에 안착했다. 수장과 수하 간의 끈끈한 동료애, 탄탄한 신뢰가 없었다면 본사 이전은 생각지도 못했을 것이다.

사실 이상한 회사라는 소문이 자자하다. 직원들은 "절대 회사만을 위해 일하지 말라"는 얘기를 가장 많이 듣는다. 누구 좋으라고 회사에 몸 바쳐가며 고생하느냐고, 다른 사람도 아닌 회장이 나서서 단속을 한다. 자신에게 초점을 맞춰서, 본인의 미래를 위해 일하라는 것이 단단히 부탁하는 말의 요지다.

이사 오기 전에는 조기출근수당제로 직원들을 다독였다. 출근시간 한 시간 전에 회사에 도착하면 하루 당 5000원을 월급에 더해주었다. 먼저 와서 한 시간이라도 더 일하라고 당근을 매단 것이 아니었다. 일찌감치 출근부 도장을 찍은 직원은 근무시간이 될 때까지 독서, 웨이트 트레이닝, 어학 공부 등 각자 성장에 도움에 되는 부분을 눈치 보지 않고 익혔다. 몸과 마음에 균형을 잡고 두루 성숙해가라는 회사의 배려였다.

야근에는 노골적으로 거부감을 드러낸다. 시간이 모자라다는 하소연은 그것을 어수선하게 엉망으로 쓰고 있다는 말과 별반 다르지 않다. 크게 혼날 각오를 해야 한다. 오후 여섯 시, 회장이 사무실에 있어도 직원들은 자리를 털고 칼같이 사무실을 빠져나간다. 일벌레는 정중히 사양한다는, 어서 가서 가족과 시간을 보내라는 무언의 압력이자 배려다.

이뿐만이 아니다. 입사해서 만 7년이 지나면 "일 놓고 안식년을 떠나라"고 등을 떠민다. 휴가 기간은 1년 열두 달. 휴가비는 자그마치 1000만 원이다. 육 개월 전에 자기계발 혹은 재충전 계획을 적은 보고서를 제출하기만 하면 된다.

이상한 회사의 '이상한'은 '제 2상한'을 가볍게 비꼬아서 갖다 붙인 말이다. 스티븐 코비의 저서 『성공하는 사람들의 7가지 습관』을 펼치면 여러 네모 칸 안에 정리된 시간 관리 매트릭스가 한눈에 들어온다. 일의 긴급함과 중요함에 따라 모두 네 개의 상한으로 나눠놓았다. 1상한은 빨리 처리해야 하는 요긴한 일을 뜻한다. 그리고 2상한은 긴급하지는 않지만 반드시 챙겨야 하는 중요한 일을 가리킨다.

토익 점수 올리기, 자격증 따기, 몸무게 줄이기 같은 멀리 내다보고 준비하는 일들이 2상한에 속한다. 실천할 것들을 미리 헤아려 정한 다음 꾸준하게 돌아보며 관리해야 한다는 공통분모가 있다. 처음에는 이렇다 할 결과가 나오지 않아 시시해지고 지루함을 느낄 수 있다. 하지만 시간이 지날수록 어설퍼 뒤뚱이던 걸음이 의기양양한 잰걸음으로 바뀐다. 한 달 벼락치기로 공부해서 대학수학능력시험을 보는 것과 계획을 세워 1년, 2년 차분히 준비해 응시하는 것의 차이는 굳이 물어보지 않아도 뻔하다.

보통 회사는 직원들을 부려먹을 방법을 연구하지만, 한국리더십센터는 어떻게 하면 직원들에게 성공을 안겨줄지를 고민한다. 벌써 19년째, 직원들이 되도록 2상한에서 노닐도록 물심양면 돕는 역할을 거뜬히 감당해왔다. 본인이 직접 삶을 이끌며 가슴 뛰는 꿈, 두근두근거리는 비전에 한 발짝 다가설 때마다 회사가 덩달아 성장하는 것을 똑똑히 지켜봤기 때문이다. 김경섭 회장은 차곡차곡 쌓아올린 2상한은 무시 못할 강력한 힘이 된다고 입버릇처럼 말한다.

"신앙도 마찬가지인 것 같습니다. 예배, 말씀 묵상, 기도 같은 것도 2상한에 해당되는 부분이 더 넓다고 봐요. 당장의 어려운 처지만 잔뜩 짊어지고 하나님을 찾는 분들이 있어요. 악착같이 매달려서 은혜 받고 한숨 돌렸다가 다시 걱정거리를 들고 엎드리기를 반복합니다. 먹고사는 일이 나아지는 데 주된 관심이 있어요. 하지만 하나님이 보여주신 삶의 목표가 분명한 분들은 하나님과 사귀는 데 우선순위를 둡니다. 말씀을 음미하고, 하나님의 생각이 어떠한지 귀 기울여 듣고, 진심으로 감사를 올립니다. 똑같은 어려움을 겪어도 가장 선한 길로 인도하고 계시다는 확신이 굳고 단단해서 흔들림이 적어요. 이번에는 무엇을 가르치실지 먼저 생각하고 자신이 할 수 있는 일들을 찾아서 해나갑니다."

"선생님, 무, 무슨 과에 가야 가, 가, 간척을 할 수 있어요?"

어린 시절 김경섭 회장은 지독한 말더듬이였다. 입을 떼면 창피를 당할까 봐 항상 조마조마했던 기억이 짙게 남아 있다. 동네 아줌마들은 집안이 하늘의 미움을 사서 장남이 저렇게 태어났다고 혀를 끌끌 찼다. 괜히 부정 탈까 봐 걱정되었는지 '말 더듬는 것이 전염된다'고 하면서 자기 자식들과 어울리지 못하게 쌀쌀맞게 쏘아붙이기도 했다.

중학교에 들어갈 무렵까지 요즘 말로 왕따를 당하며 컸다. 남몰래 죽어라 연습해도 입은 왜 이렇게 뻣뻣하기만 한지 다음 말로 넘어가지 못하고 첫 소리에서 툭툭 끊길 때마다 뾰족한 무언가로 찌르는 것처럼 마음이 쓰라렸다. 교실 문턱이라곤 넘어본 적도 없는 부모님은 하루 종일 흙을 일궈 힘겹게 자식 여섯을 뒷바라지했다. 자식들 교육을 위해서 궂은일을 도맡아 하시는 아버지, 어머니 때문에 무시받는 것 같아 야속하고 서러운 적이 많았다.

김경섭 회장이 자란 전라남도 고흥 산기슭 마을에서는 해방 후 깊은 한숨이 꼬리를 물고 앞바다로 길게 이어졌다. 허탈한 웃음소리도 한동안 들렸다. 얼마 되지도 않는 산비탈 논밭의 소작권을 얻으려, 마을 사람들은 해마다 싸움질을 해댔다. 발아래 갯벌이 수백만 평 간척지로 바뀐다는 번듯한 소문은 곧 자기 이름의 논마지기가 생긴다는 기대를 한껏 부풀렸다. 하지만 일본의 패망과 함께 간척 사업이 백지화되면서 어깨를 축 늘어뜨릴 수밖에 없었다. 내가 조금 거둔 것 내가 좀 먹어보겠다는 지극히 소박한 바람은 부질없는 꿈이 되어버리고 말았다.

"그럼 토목공학과에 가 봐"

2학년 말이었던 것 같다. 중학교 담임선생님의 한마디에서 김경섭 회장은 든든한 꿈을 건져 올렸다. 공과대학에서는 혼자서 연구하고 몰두하는 시간이 많다는 얘기를 지나가는 말로 얼핏 들은 적이 있었다. 여럿이 모인 자리에서 말하는 데 서투르고, 넉살 좋게 어울리는 것에도 익숙지 않았던 김경섭 회장은 공대 진학을 내심 고민 중이었다. 바닷물을 빼내 육지로 만드는 기술을 공대에 가면 배울 수 있지 않을까 싶어 대충 넘겨짚고 있던 참이었다.

어머니는 지혜가 샘솟는 분이었다. 무학이었음에도 말씀마다 예리한 생각과 깊은 통찰이 겹겹이 묻어 있었다. 지혜와 지식은 전혀 다른 것일 수 있다는 사실을 어머니를 보며 깨쳤다. 조금씩 철이 들면서 김경섭 회장은 현명한 어머니를 만난 것이 얼마나 큰 복인지를 알아갔다.

"경섭아, 사람들이 꼭 필요로 하는 일을 직업으로 삼아야 한다."

어머니는 절대 돈을 좇아가지 말라고 신신당부를 했다. 필요를 채워주면 기꺼이 돈을 지불해줄 것이라고, 그것이 돈이 따라오게 하는 방법이라고 귀띔해 주었다. 그 돈을 보고 비슷하게 일해보겠다는 사람들이 우후죽순 모여들 테니 탁월한 실력을 갖춰놓으라는 말도 늘 같이 덧붙였다. 적성에 맞는 일, 좋아하는 일을 해야 경쟁을 거뜬히 즐길 수 있다고, 당장 입에 풀칠하기도 퍽퍽했던 시절에 두 수 세 수 앞을 가늠하는 혜안을 보였다.

물을 막은 너른 들에 두렁이 쳐지고 누런 소들이 쟁기를 끄는 모습을 상상해보았다. 김경섭 회장은 땅을 넓히는 사업이 여러 모로 값지게 여겨졌다. 소금기 빠진 경작지를 뚝뚝 떼어내 땅에 한이 맺힌 고향 사람들에게 손 크게 나눠 주면 굉장히 흐뭇할 것 같았다. 자신을 위해 아주 오래 전부터 치밀하게 준비되어온 듯한 느낌에 종종 들뜨기도 했다. 혼자만의 착각이 아닌지 곰곰 헤아리다 보면 괜스레 고마운 마음마저 들었다.

사람의 세포 안에는 세포핵이라는 것이 존재한다. 전자현미경으로 보아야 겨우 보이는 세포핵에는 서로 쌍을 이루고 있는 DNA가 무려 30억 개나 들어 있다. 낱개로 헤아리면 두 배 수인 60억 개가 된다. 세포핵 하나에 담긴 DNA를 가지런히 늘어놓으면 약 2미터에 달한다고 한다. 1초에 한 개씩 잠도 안 자고 먹지도 않으면서 30년간 주워 담아야 제자리로 돌려놓을 수 있다. 더욱 놀라운 것은, 2미터나 되는 이 DNA가 직경이 0.000005미터에 불과한 세포핵 안에 구겨지거나 짓이겨지지 않고 정교한 나선형 모양으로 온전하게 담겨 있다는 사실이다. 누군가가 미리 설계하고 계획하지 않고서는 불가능한 일이다.

"다른 사람도 그렇겠지만, 제 인생을 돌이켜 보면 그때그때 삶이 미리 정해져 있었던 것 같아요. 서울이나 여유 있는 괜찮은 집안에서 태어났다면 오늘의 제가 과연 있을 수 있었겠나 싶어요. 바다 가까운 가난한 시골에서, 생전 학교에 가보지도 않은 부모 밑에서 자란 게 다 계획된 축복이었어요. 엄청나게 말을 더듬었다고 했잖아요. 싸움질도 못해서 내성적이고 열등감 많은 아이로 컸어요. 일련의 여건이 강한 동기부여가 되어주었지요. 그래서 간척 엔지니어의 길을 걷게 된 것이고요."

"당신하고는 더 이상 같이 못 살겠어요. 우리 이쯤에서 갈라섭시다."

어느 날 아내가 먹빛 표정을 하고 무겁게 말을 꺼냈다. 제대로 작정한 듯했다. 어떻게 나오나 보려고 던지는 말은 아닌 것 같았다. 부부 사이가 서먹서먹하긴 했지만 이렇게까지 강하게 나올 줄은 전혀 예상하지 못했다. 만약 '좋아. 원하면 그렇게 해!'라고 지지 않고 맞받아친다면 바로 실행에 옮길 기세였다. 적잖이 당황스러웠다.

미국 펜실베이니아 대학에서 박사모를 쓰고 귀국한 1970년대 후반, 한국에는 해외 건설 붐이 거세게 일었다. 건설업체들이 해외에 진출하려면 공사 수주자가 신뢰할 만한 컨설턴트를 내세워야 했다. 당시에는 적합한 조건을 갖춘 사람이 드물었다. 간척 관련 학위를 가진 전문가는 김경섭 회장이 유일했다. 몸이 열 개여도 모자랄 정도로 갑자기 귀한 인물이 되었다. 기가 막힌 타이밍이었다.

김경섭 회장은 컨설팅 회사 '김 컨설턴트'를 설립하고 중동의 건설 현장으로 뛰어들었다. 기술이 뛰어난 업체를 자금력 있는 외국 회사에 소개해주고, 반대로 한국 기업에는 해외 수주와 관련된 제반 업무를 어떻게 처리해야 하는지를 소상히 알려주었다. 한국에서도 대단한 존재감을 뿜어냈다. 서해안과 남해안 일대의 굵직굵직한 간척 사업을 권하고 아이디어를 제공하여 대한민국의 지형을 바꾸는 데 상당한 영향력을 행사했다. 큰돈을 거머쥐자 정치 일선에서 힘을 실어달라는 제의가 들어오기도 했다. 거침없이 성공 스토리를 써갔다.

아내의 이혼 선언에 김경섭 회장은 정신이 번쩍 들었다. 돈만 많이 벌어다 주면 가장 노릇을 톡톡히 하는 것으로 알았다. 모자라다고 느끼지 않게 넉넉히 가족을 돌보려고 이를 악물었다. 어느 가장보다 두꺼운 월급봉투를 가져다주기 위해 치열하게 달리고 또 달렸다. 자식에게까지 가난을 맛보게 하고 싶지 않았다. 그것으로 어린 시절의 배고픔을 보상받으려 했던 것이다.

"유학 생활을 하고 서구 문화에서 살아보긴 했지만 제겐 가부장적 리더십이 깊이 뿌리박혀 있었어요. 가까이서 보고 자란 모델이 아버지였잖아요. 바깥일에만 마음 쓰시고 집에서는 엄하기만 하시고……. 아내와 아이들에게 아버지가 하던 그대로 하고 있더라고요."

자상하고 친절한 가장이 되는 것은 생각지도 못했다. 사람들 비위 맞추느라 허덕이다 돌아오는데, 골치 아프게 집에 와서까지 재잘재잘대는 응석을 받아주고 싶지 않았다. 칭찬에도 지나치게 인색했다. 아내의 음식 솜씨가 남부럽지 않은데도 맛있다는 말이 입 밖으로 나오지 못하게 꼭꼭 걸어 잠그고 지냈다. 한두 번 칭찬해주기 시작하면 하늘 같은 남편에게 버릇없이 기어오를 것만 같았다. 어쩌다 매운 고추가 들어 있으면 이런 걸 된장국이라고 끓였냐고 호되게 야단을 쳤다.

돌파구가 절실했다. 머릿속으로 대차대조표를 그려보았다. 이혼은 결코 환영할 것이 못 되었다. 앞길이 구만리 같은 자식이 셋이나 있었다. 남는 것은 하나도 없고 손해만 잔뜩 보는 장사가 될 것이 뻔했다. 당시 미국의 코비리더십센터를 창설한 스티븐 코비 박사와의 만남은 김경섭 회장의 인생을 백팔십도 바꿔놓는 결정적 계기가 되었다.

“닥터 김, 조금 전에 암 선고를 받았다고 상상해보십시오. 살아갈 날이 앞으로 1년밖에 안 남았습니다. 이제 당신은 무엇을 하며 여생을 보내겠습니까?”

스티븐 코비 박사는 사명이 존재 이유이고 삶의 본질이라고 수차례 힘주어 말했다. 자신의 사명을 명확히 알면 소중한 것들을 잊어버리지 않고 먼저 챙기게 될 것이라고 충고해주었다. 리더십 교육을 받던 김경섭 회장은 몹시 심란했다. 아내와 자식들 얼굴이 계속 번갈아가며 떠올랐다. 곧 있으면 지천명인데 그동안 아이들을 꾸중한 것밖에 기억나는 게 없었다. 자기야 묻혀버리면 그만이겠지만, 아직 결혼도 못한 아이들이 못난 아버지를 평생 원망하며 지낼 것이라고 생각하니 콧잔등이 시려왔다. 어떻게든 지은 죄를 뉘우치고 죽어야 되겠다는 바람뿐이었다.

기일, 기연, 기애. 흰 종이에 1남 2녀 자식들의 이름을 간격을 두고 순서대로 썼다. 어느새 다들 훌쩍 커버려 풋풋한 10대가 되어 있었다. 숨을 크게 고르고 함께한 지난 시간을 되새겨보았다. 충분히 자랑할 만하고 칭찬받아 마땅한 장점이 네댓 개씩 있었다. 아버지이기 때문에 보이는 단점도 하나씩 적었다. 가족들을 모아놓고 한 명씩 불러가며 축복하듯 너무 아껴둔 속마음을 내보였다. 깜짝 놀란 아내와 아이들의 눈이 휘둥그레졌다. 그러더니 펑펑 울음을 터뜨리기 시작했다. 온통 눈물바다가 되었다. 결혼 20년 만에 진심으로 용서를 빌었다. 돌팔이 남편이었고 자격 없는 아버지였다고 고백했다.

"하나님의 인도하심이었다고 믿고 있습니다. 저를 사랑하셔서 정신 차리고 살라고 잡아 이끄신 것이죠. 문제 있는 남편, 아내를 둔 분들이 교육받으러 올 때가 가끔 있어요. 이혼하자고 협박하라고 저희 부부가 부추깁니다. 무서워서 얘길 못하고 있으면 '장난으로 하는 말이 아니다. 겁먹지 말고 세게 밀어붙이라'고 격려해줍니다. 제 아내가 저와 헤어지는 것이 두려워 벌벌 떨었다면 아마 제가 변화되기 힘들었을 거예요."

김경섭 회장은 자신의 본래 사명이 무엇인지도 다시 살폈다. 10년, 20년 후에는 어떤 자리에서 어떤 모습으로 일하고 있을지 기도하는 가운데 묵묵히 생각해보았다. 간척은 한번 해놓으면 그것으로 끝이었다. 수요가 계속 일어나는 사업이 아니었다. 어릴 적 꿈을 이루고 나자 다음 걸음에 대한 고민이 깊어졌다. 모은 돈으로 대기업을 만들어 총수 자리에 오르면 그럴듯할 것 같았다. 정계에 진출하거나 대학교를 설립해 사회에 기여하는 것도 근사해 보였다. 교회 직분은 장로로 섬기는 것이 걸맞겠다 싶었다. 200여 장이 든 명함 한 통을 일주일 만에 싹 비울 만큼 바쁘게 눈도장을 찍고 다녔다. 줄서기 모임에도 줄기차게 얼굴을 내밀었다.

"다른 사람의 평가에 연연해하고 있는 저를 보게 되었습니다. 제가 꿔야 될 꿈을 대신 좀 꿔달라고 굽실댔던 겁니다. 당연히 돈과 명예에 코 꿰여 삐걱거릴 수밖에요."

김경섭 회장은 사명선언문에 "사람들을 돕는 일을 하겠다"고 또박또박 적었다. 이제껏 땅을 넓히는 일에 온 힘을 기울여왔다면 인생의 후반전에서는 마음을 넓히는 일에서 만족을 얻고 싶었다. 가슴 떨림이 있었다. 하나님이 흡족해하신다는 느낌이 제법 수북했다. '나를 위한 뭔가가 또 준비되어 있겠구나.' 김경섭 회장은 자신에게 이로울 선한 계획이 포개져 있을 것이라고 믿어보기로 했다. 자연 훼손에 일조했다는 그간의 죄책감도 탈탈 털어내고 싶었다.

부르심을 입은 자에게는 모든 것이 합력하여 선을 이룬다는 사도 바울의 가르침은 참말이었다. 중동 현장을 누비던 시절 김경섭 회장은 수만 번 안타까움을 삼켰다. 특히 사장들의 마음이 좁았다. 한국인끼리 정보도 교환하고 살갑게 도와주면 양쪽 다 잘될 수 있을 텐데도, 외국에 나와서까지 서로 흘겨보고 견제하느라 겨를이 없었다. 세계를 무대로 뛴다면서도 정작 필요한 글로벌 마인드는 형편없었다. 영어에 젬병인 것은 이해가 되었지만 메모도 하는 둥 마는 둥 엄벙덤벙 회의에 임하는 모습은 도저히 납득하기 어려웠다.

"그때는 세계 일등이라고 인정받는 한국 제품이 인삼 하나뿐이었어요. 지금은 한 200가지 정도 되잖아요. 리더십이 곧 화두로 떠오를 것이라는 흐름을 읽고 있었습니다. 선진국 문턱에라도 다다랐다는 소리를 들으면, 리더들을 더욱 탁월하게 만드는 일이 굉장히 중요한 과제가 되거든요."

54세가 되던 1994년 가을, 김경섭 회장은 한국리더십센터를 설립했다. 원칙 중심의 경영을 내세웠다. 원칙에는 배려와 존중을 담았다. 물질적 보상 못지않게 감정적 보상도 큰 비중을 차지한다. 김경섭 회장은 기꺼이 업어주겠다는 심정으로 직원들을 대했다. 회의에서는 가볍게 차 한잔 마시며 담소를 나눌 때도 마음을 읽어주는 데 관심을 쏟았다.

누가복음 말씀 덕분이었다. 리더십 교육의 장을 마련하고자 5년이 넘게 공을 들였다. 준비하는 내내 “남에게 대접을 받고자 하는 대로 너희도 남을 대접하라”는 구절이 머릿속을 떠나지 않았다.

예전에는 직원들을 못 미더워 했다. 시키는 대로 일을 잘 해내도 월급 주는데 그 정도는 당연히 해야 한다는 식으로 수고를 깎아내리곤 했다. 기분 나빠 회사를 그만둬버릴 것 같으면 대뜸 불러 앉혀 놓고 밀린 일 치르듯이 상여금을 지급했다. 격려나 치하 같은 듣기 좋은 말은 절대 하지 않았다. 새로 사람을 알아보고 회사에 적응하기까지 기다려주는 시간이 성가시고 귀찮을 따름이었다.

산 위에서 들려주었다는 예수님의 가르침이 김경섭 회장에게는 직원들을 보듬고 사랑해주라는 당부의 말로 들렸다. ‘마음 넓혀주기’를 사명으로 발견한 뒤로 이 말씀을 음미하면 훈훈함이 이는 듯했다. 베풂의 리더십, 생각할 때마다 감동이 떠올랐다. 무엇을 베풀까, 김경섭 회장은 궁리하고 고민했다. 돈이나 실컷 벌려고 시작한 사업이 아니라고 처음 정한 마음도 계속 되새겼다.

“우리 경섭이는 심성이 착한 데다 행동도 올곧아요. 커서 훌륭한 일을 해낼 겁니다.”

어릴 적 어머니는 주위 사람들이 말더듬이 아들을 못마땅해하면 보란 듯이 칭찬으로 감싸주었다. 느긋하게 말하라고 하셨고, 재촉하거나 버벅거린다고 답답해한 적이 한 번도 없었다. 말한 대로 이루어진다는 자성 예언self-fulfilling prophecy의 기적을 알고 계셨던 것 같다. "걱정 마. 다 잘될 거야."

옛말에 말이 씨가 된다고 했다. 한마디 말이 쌓이고 쌓여 장래를 결정짓는 길이 되기도 한다. 말에는 성취하는 힘이 있다.

한국리더십센터에서 김경섭 회장은 '수강水康님'으로 불린다. 명함에도 직책이 아닌 '수강'이 당당하게 이름 앞에 쓰여 있다. 직원들 역시 상대방을 대할 때 그 사람의 호를 이름 대신 불러준다. 물 수, 편안 강. 물처럼 유연한 사고를 지니고 싶어 '부드럽게 흐르는 물'이라는 뜻의 호號다. 멈추지 않고 유유히 앞으로 나아가는 미래의 모습도 상상하며 그 안에 넣었다. 믿음의 선포가 될 것이라고 다부지게 믿었다. 그렇게 해서라도 직원들을 성공으로 이끌어주고 싶었다.

한편으론 직원들에게 승승합의서를 작성하자고 제안했다. 일해주고 월급 주는 고용 · 피고용 관계를 넘어서야 서로가 행복질 것이란 판단이 들었다. 승승합의는 회사와 직원 모두 이기는 쪽을 택하자는 일종의 약속이다. 한 해 동안 회사에 어떤 기여를 할지, 자신은 어떤 혜택을 누릴지를 비교적 소상하게 기록하게 된다. 회사와 직원이 함께 달성해야 하는 2상한 목록이라고 보아도 무방하다.

얼마간의 실적을 올리면 기계적으로 수당을 내주는 여느 인센티브 제도와 분위기가 사뭇 다르다. 우선 맞서지 않고 서로 돕는 모양새다. 이만큼이나 해줬으니 적어도 이 정도는 되받아야겠다고 내

그릇부터 챙기는 모습은 좀처럼 눈에 띄지 않는다. 돈에 연연했다면 학자금 지원은커녕 옴짝달싹 못하게 야근을 부추기고 비용 절감을 줄기차게 외쳤을 것이다. 직원들도 보너스만을 요구하지 않았다. 최신형 노트북이나 카메라를 선물해달라는 이들이 있는가 하면 해외여행을 승승합의 조건으로 삼는 이도 많다.

한국리더십센터에 안녕을 고한 직원에게는 더 넓은 세계로 나가 배운 것을 적용해보라는 뜻으로 파송식을 열어주었다. 퇴사라는 말은 쓰지 않았다. 언제든지 다시 돌아올 수 있으니 생각처럼 일이 안 풀리거든 주저 말고 연락하라고, 떠나는 이의 미안함을 덜어주었다. 먼 이국땅으로 거처를 옮기는 선교사를 대하듯 축복하는 마음으로 보내주었다. 괘씸함은 바로 지우고 서운함은 살살 달랬다. 근속연수 1년 이상이면 충분히 존중받고 격려받을 자격이 있다고 여겼다.

"말씀은 불변의 원칙입니다. 성경에 나와 있는 대로 이웃을 사랑한다면 생각지도 못한 두터운 신뢰를 얻게 될 것입니다. 극진히 대접해보십시오. 반드시 보답을 받을 것입니다. 처음에는 아까운 돈을 허튼 데 쓴다며 다들 의심의 눈초리를 거두지 않았습니다. 하지만 3~4년이 지나자 직원들이 최선으로 일하기 시작했습니다. 말씀의 능력에 반응한 것이라고 봅니다. 저까지 달랑 세 명이던 직원이 지금은 180여 명이나 될 정도로 껑충 성장했습니다. 정말 괜찮은 인재들이 쉴 새 없이 문을 두드리고 있습니다. '남을 대접하라'

는 말씀은 두고두고 묵상해야 할 하나님의 원칙입니다. 아무리 오랜 세월이 지난다 해도 변하지 않을 것입니다."

김경섭 회장이 늘 탄탄대로만 걸어온 것은 아니다. 활짝 피워보지도 못하고 사업을 접어야 하나 바짝 긴장하며 지낸 시기도 있었다. 외환 위기로 한바탕 홍역을 앓던 1990년대 후반에 한국리더십센터도 심하게 휘청거렸다. 삼성, 현대, LG 등 대기업을 고객사로 두어 이들이 전체 매출의 80퍼센트에 달할 만큼 비중이 컸다.

"더 이상 전화하지 마시고요, 제발 찾아오지도 마세요."

기업들이 돈줄이 막히자 저마다 한 사람당 100만 원 안팎을 결제해주어야 하는 한국리더십센터의 교육비를 삭감하고 나섰다. 전화선을 타고 들려오는 목소리는 너무나 매몰찼다. 속수무책이었다. 그야말로 손 한 번 써보지 못하고 넋 놓고 바라보고 있을 수밖에 없었다. 월급이나 제때 줄 수 있을지 고민이 이만저만 아니었다.

미국의 유명한 통계학자인 로저 밥슨은 "짐을 가볍게 하기 위해 기도하지 말고 더 튼튼한 등을 갖기 위해 기도하라"는 말을 남겼다. 김경섭 회장은 조용히 말씀 한 구절을 꺼내들었다. 사는 게 녹록치 않아 힘에 부칠 때마다 연단은 유익이라고 스스로를 다독여왔다. 그러다 보면 어수선한 마음이 침착해지고 편안해졌다. 이어 이사야서 말씀을 곁에 두고 묵상했다. 거기서 인도하심을 느끼고 고난을 헤쳐 나오는 길을 발견하곤 했다.

“보라. 내가 너를 연단하였으나 은처럼 하지 아니하고 너를 고난의 풀무 불에서 택하였노라”(사 48:10).

대학을 졸업하고 미국 유학길에 오를 때도 사실 막막하기만 했다. 비행기표를 구할 여비가 없어 어쩔 수 없이 배편을 알아보아야 했다. 세계 곳곳의 미군을 고향으로 데려다 주고 약속된 날 부대 복귀를 도와주는 휴가선이었다. 출렁이는 배에서 일주일을 세 번이나 보내는 게 달갑지만은 않았다. 처음에는 시간이 아까워 씁쓸한 입맛을 다셨다. 부모님께도 일찌감치 인사드리고 급하게 먼 길을 재촉할 수밖에 없었다. 막상 배에 오르자 이게 웬 횡재냐 싶었다. 배에는 군인뿐만 아니라 그들의 가족까지 함께 타고 있었다. 그들은 한국에서 온 새파란 젊은이에게 너도나도 관심을 보이고 말을 걸어주었다. 3주짜리 공짜 어학연수나 마찬가지였다. 심심한 줄 모르고 배 여행을 즐겼다. 한나절 혹은 일박 이 일, 잠깐씩 정박하는 도시에서도 좋은 구경이라는 구경은 다 하고 다녔다.

‘아, 하나님이 나를 또 연단하시는구나.’

김경섭 회장은 열다섯 명 직원과 머리를 맞대고 외환 위기 사태에 대한 묘안을 짜냈다. 살다 보면 죽음이 서려 있는 것 같은 스산하고 어두컴컴한 골짜기를 지날 수 있음을 잘 알고 있었다. 푸르름이 우거진 넓은 풀밭으로 가는 가장 빠른 길이라던 현인들의 가르침도 차곡차곡 마음속에 쌓아왔다. 회의를 거듭할수록 이 위기를 딛고 한국리더십센터가 크게 사용될 것이라는 확신이 묵직해졌다.

실제 리더십 강의에서도 CEO들에게 위기는 도약의 기회라고 가르치지 않았던가! 직접 보여줘야 했다.

한국리더십센터의 명품 교육을 받게 하기 위해서는 일단 돈 있는 사람부터 찾고 봐야 했다. 환율이 갑작스럽게 뛰어오르면서 가장 많은 덕을 본 곳은 수출을 주력으로 하는 회사였다. 달러를 결제수단으로 삼는 다국적기업도 IMF의 높은 파고에 끄떡없었다. 서민들이 쪼들리는 살림에 값싼 라면으로 끼니를 해결하는 바람에 라면 회사들도 평소보다 서너 배의 이익을 남겼다.

알음알음 목록을 작성해보니 외환 위기의 수혜를 쏠쏠하게 입은 회사가 200군데를 웃돌았다. 발걸음을 재게 놀려 리더십 프로그램을 소개했다. 일하는 사람 20~30명을 거느리던 회사들이 1년 사이 사장과 아내 단 두 명만 남아 허허로이 사무실을 정리하는 동안, 한국리더십센터는 일거리가 차고 넘쳐 직원을 열 명이나 더 고용해야 했다. 늦은 밤까지 정말 신나게 교육을 진행했다. 매출 역시 이전 해와 비교해 갑절이나 가파르게 늘었다. 3년 정도 지나니 어느새 동종 업계 순위 다섯 손가락 안에 들어 있었다.

수년 전 미국에서 불어닥친 금융위기에도 김경섭 회장은 당황하지 않았다. 범사에 기한이 있고 천하만사에 때가 있다고 했다. 이번에도 섭섭지 않게 대접할 때라 여기고 직원들과 의미심장한 눈빛을 교환했다. 규모가 작은 작은 회사일수록 몸으로 느끼는 고통이 깊었다. 반면 자그마한 도움으로도 되살아날 수 있는 여지가 많았다. 분명 양쪽 모두 성장할 수 있는 기회였다.

김경섭 회장은 직원 수 50명 이상의 중소기업에 강의와 코칭을 대가 없이 베풀어보기로 마음을 정했다. 300만 원 상당의 무료 강좌에 엄청나게 많은 회사들이 참가하겠다는 의사를 전해왔다. 리더십의 진가를 맛본 적지 않은 회사들이 이어지는 프로그램에 앞다퉈 수강료를 지불했다. 경기가 바닥을 치고 있는 중에도 한국리더십센터는 매출 30퍼센트 신장이라는 결과를 창출했다.

김경섭 회장은 10년마다 찾아오는 경제 위기를 이제는 자신을 성장시켜주는 연단으로 받아들이고 있다. 하나님이 허락하신 사명과 목표가 뚜렷하고 꾸준히 2상한을 실천하고 있는 이들에게 크고 작은 고난은 목자 되신 하나님이 짜놓은 세밀한 계획의 일부가 됨을 믿기 때문이다. 한국리더십센터에서만 19년째 체득한 산 경험이자 믿음으로 내놓는 고백이다.

한국리더십센터를 설립하기 전 김경섭 회장은 동생과 함께 출판사 김영사를 세워 한동안 출판인의 삶을 살았다. 리더십 및 자기계발 관련 서적을 펴내는 일을 물심양면으로 뒷바라지하면서 『성공하는 사람들의 7가지 습관』, 『소중한 것을 먼저 하라』, 『원칙 중심의 리더십』 등 여러 책의 번역 일에도 부지런히 참여했다. 옮긴이 혹은 지은이를 밝히는 자리에 자신의 이름이 적힌 책이 스무 권이 넘는다.

그중 2005년 저술한 책『자녀 교육의 원칙』에 가장 많은 애착이 간다. 세계 각지를 돌며 세상 보는 눈을 익힌 김경섭 회장은 우물 안 개구리 식 인재상은 곧 용도 폐기되고 글로벌 리더십을 갖춘 인재를 키우는 쪽으로 교육 판도가 확연히 바뀔 것이라는 흐름을 간파하고 있었다. 열심히 책을 들여다보고 수시로 도서관을 드나들며 나름 연구한 결과 자녀를 글로벌 리더로 키우기 위해서는 높은 수준의 글로벌 스탠드를 제시하고 거기에 맞는 교육을 진행하는 세계적인 명문 학교에 보내야겠다는 답을 얻기에 이르렀다.

우선 목표가 된 곳이 미국 매사추세츠 주 북동쪽의 필립스 아카데미. 세계 10위 안에 드는 명문 고등학교로 1778년부터 지켜온 건학 이념이 '나 자신을 위해서가 아닌Not for self'이다. 입학 여부를 결정할 때도 부모와의 면접 결과를 상당 부분 반영한다. 김경섭 회장은 면접 당시 "내 아이를 이 학교에 입학시켜 세계적 리더로 키우고 싶다"고 당당하게 필립스 아카데미를 선택한 이유를 설명했다. 아내가 첫째를 임신했을 때부터 수소문해 알아보고 조사해온 고등학교였다.

자녀들이 특출하게 머리가 좋다거나 지능지수가 월등하게 높기 때문이 아니었다. 김경섭 회장 역시 아이큐 테스트를 해보면 평범하기 이를 데 없는 수치가 나온다. 점수가 모자라 대학 입시에 실패한 경험도 있다. 그렇다고 뒤처지는 과목마다 과외 선생을 붙이는 등 돈으로 자녀들의 성적을 올린 것도 아니었다. 김영사 경영에서 완전히 손을 떼고 한국리더십센터 설립을 준비하던 기간에는 수입이 일정치 않은 상황에서 돈이 계속 뭉텅이로 빠져나가는 바람에 오히려 어려움에 처하기도 했다. 아내가 대학교수로 재직했지만 미국에서 교수 월급은 입에 풀칠이나 할 수 있는 정도였다.

"원칙을 지키려 했습니다. 인내와 기다림을 적용하려 했어요. 정비사 역할을 하는 부모는 자식이 잘못하면 당장 뜯어고쳐야 성미가 풀립니다. 스스로 깨닫고 바꿀 때까지 못 기다려줘요. '이건 해라. 저건 하지 마라'는 말을 입에 달고 지내고요. 저는 부모가 정원사 역할을 해야 한다고 봅니다. 정원사는 적당하게 물을 주고 조심스레 가지를 쳐주며 나무가 자라기를 기다리잖아요. 적성에 맞는 교육 방법을 찾아내고 대화를 통해 스스로 공부하는 법을 깨치도록 도움을 줘야 합니다. 꿈도 본인이 직접 찾도록 부모가 인내심을 발휘해야 합니다. 종자가 사과나무인데 억지로 배 나와라, 감 나와라 할 수는 없잖아요."

물론 '때를 놓치지 않는다'는 평소 신념에 따라 부모의 손길을 필요로 하면 아끼지 않고 투자했다. 또한 곁에 붙어서 일일이 돌보아줄 수 없는 만큼 스스로의 힘으로 자신을 이끌어가도록 '셀프 리더십'을 키워주기 위해 노력했다. 자성 예언도 병행했다. 못하는 부분을 지적하는 대신 독특한 개성과 장점을 기회 닿는 대로 북돋아주고 칭찬해주었다. 자녀들이 경험한 작은 성공이 모이고 모여 자신감으로 자라는 것을 지켜볼 수 있었다.

세 자녀를 필립스 아카데미에 입학시킨 후 김경섭 회장은 주어진 여러 일 가운데 중요한 하나를 마친 것 같은 생각이 들었다. 기숙사 생활을 시작한 자녀들은 더 이상 부모에게 기대지 않고 혼자 힘으로 고등학교 공부를 해나갔다. 대학 진학도 본인 스스로 알아서 준비하고 결정했다. 각각 하버드, 예일, 스탠포드 대학을 나와 대학교수, 변호사로 일하며 지경을 넓히고 있다.

『자녀 교육의 원칙』은 실은 아쉬움을 달래려 저술한 책이다. 애초에는 문제 아이 세 명의 입양을 원했다. 자식 수만큼 아이를 받아들여 훌륭하게 키워보고 싶었다. 자녀 교육은 때를 놓치면 되돌릴 수가 없다. 부모들은 대개 자녀가 사춘기에 접어들면 당황해하며 자신의 부모가 하던 대로 따라 하기에 바쁘다. 뭣 모르고 저지른 실수로 귀중한 청소년기 교육을 그르치기도 한다.

시행착오를 겪을 대로 겪은 김경섭 회장은 자신 있었다. 하지만 여건이 호락호락하지 않았다. 해외 출장도 잦았고 가족끼리 만장일치를 보는 일도 쉬운 게 아니었다. 답답한 마음에 고심하다 책으로나마 경험을 나누기로 결심하고 진드근히 앉아 쓰기 시작했다. 아내도 옆에서 기억을 되살려주었다. 비법 같은 것은 아예 생각조차 하지 않았다. 재능은 나중에 고민하고 일단 좋은 대학에 보내놓고 보자는 말처럼 들렸다. 이듬해 『자녀 교육의 원칙』은 『동아일보』에서 추천하는 '자녀 교육 길잡이 20선'에 선정되었다.

"부모가 변하지 않으면 교육 효과는 기대하기 어렵습니다. 『자녀 교육의 원칙』은 자식을 키우면서 겪은 저희 부부의 좌충우돌 성장기라고 봐도 됩니다. 남부끄러운 얘기가 많아요. 사실대로 쓰려고 무척 애를 썼습니다. 거짓말 좀 보태고 약간 과장해서 아름답게 꾸며 써볼까 했지만 저희 애들이 개입된 얘기잖아요. 있는 그대로 말하지 않으면 책을 내는 의미가 없겠다는 생각이 들었습니다."

한국청소년리더십센터를 만들게 된 것도 『자녀 교육의 원칙』과 관련이 있다. 6년 전 한국리더십센터 안에 청소년사업팀으로 발족했다가 지난 2009년 여름 독립 법인으로 전환시켰다. 집필하면서 청소년들을 떠올리면 그득 마음이 배불러졌다. 입양의 다른 말이라고 생각하기로 했다. 청소년에게도 리더십 교육이 꼭 필요하다는 주위의 권유도 거셌고 그만큼 청소년을 위해 할 일도 많았다.

얼마 전부터는 '꿈 찾기 코칭 프로젝트'를 가동했다. 한국에서는 내일모레가 대학교 졸업인데도 꿈이 있다고 자신 있게 말하는 사람이 열 명 중 두세 명에 불과하다. 외국은 정반대다. 70~80퍼센트는 이미 초등학교 4, 5학년 즈음에 꿈을 발견하고 차근차근 평생 직업을 준비해간다.

뭐든지 끝이 좋아야 한다. 인생도 똑같다. 끝을 잘 맺어야 성공한 삶을 살았다고 볼 수 있다. 마라톤 같은 인생에서 대학교는 지극히 앞부분에 있는 과정에 지나지 않는다. 초반에 조금 느리게 달리고 문제를 보였다고 해서 중후반까지 뒤처지는 것은 절대 아니다. 지금 청소년들이 기성세대가 되면 평균 수명이 더 늘어나 90세까지 건강하게 활동할 것이다. 안타깝게도 요즘 부모들은 너무 초반만을 강조한다. 나이 80, 90이 되었을 때 어떤 모습을 하고 있을지를 상상하게 해야 하는데 졸업장 따서 연봉 높은 직장에 들어가는 것을 삶의 목표로 잡으라고 요구하고 있다. 60세에 조기 은퇴할 플랜을 짜고 있는 것이다.

"꿈이 대학교가 되어서는 안 돼요. 초반에 아이들을 힘들게 하면 후반전이 헝클어집니다. 남들 부러워하는 일류 대학을 나오고 국회의원이 돼서 떵떵거리면 뭐합니까? 비리에 연루되어서 검찰이 소환하느니 마느니 시끄럽잖아요. 4년 전인가 한국투명성기구에서 청소년반부패인식지수 설문조사를 벌였어요. '감옥에서 10년을 살아도 10억 원을 받게 된다면 부패를 저지를 수 있다'고 응답한 중고생이 1100명 중 195명이나 됐어요. '문제를 해결할 수 있다면 기꺼이 뇌물을 쓰겠다'고 응답한 학생도 220명에 달했고요."

김경섭 회장에게 꿈은 마술과도 같다. 자신이 하고 싶은 일, 잘해낼 수 있는 일과 긴밀하게 연결되어 있어 세차게 가슴이 뛸 수밖에 없다. 건강한 꿈에는 사명이 있기 마련이다. 사명에는 다른 사람을 위하는 마음이 녹아 있다. 나만 잘 먹고 잘살면 된다는 값싼 이기심과는 거리가 멀다. 먼저 대접하고 잘 대접받는 선순환을 계속 그려가게 된다.

김경섭 회장은 지난 2010년 경기도 안성시 보개면에 한국러닝리조트를 설립했다. 비봉산 자락 1만 3000평 대지에 연수원인 '성공원'과 타운하우스인 'S-TOWN' 열아홉 채를 예쁘게 일궈놓았다. 대한민국에서 처음 선보이는 친환경 교육 리조트다. 흙냄새와 풀내음, 나무향이 그윽한 곳에서 교육과 재충전, 내면의 재발견이 한데 어우러지는 장면을 만끽해보고 싶었다.

전원주택 마을의 모습을 갖춘 S-TOWN은 본래 여섯 채만 한국리더십센터에서 사용하고 나머지 열세 채는 뜻있는 사람들에게 절차를 거쳐 넘길 계획이었다. 먹거리, 레저, 휴양뿐만 아니라 교육도 서울 바깥이 주 무대가 될 것이라 앞서 내다보고 10년 가까이 공들인 일이라 큰 어려움이 없을 줄 알았다. 그런데 분양 신청이 두세 건 들어오는 것 같더니 이내 뜸해지고 말았다. 여기저기 소식을 알리고 광고를 내봐도 넘겨받겠다는 사람이 나타나지 않았다.

또 한 번의 연단이라는 생각에 조급해하지 않고 마음을 지키긴 했지만, 왜 하나님은 늘 힘들게 가게 하시는지 김경섭 회장은 그 이유를 도무지 알 길이 없었다. 고민이 깊었다. 어리석게 엉뚱한 일을 벌인 것은 아닌지, 그럴싸하게 말만 앞세우지는 않았는지 되돌려 생각해보았지만 답이라고 할 만한 게 보이지 않았다.

묵상을 통해 깨달았다. 김경섭 회장은 일주일에 서너 번은 꼭 산에 오른다. 서울에서 근무했을 때도 일부러라도 시간을 내 산을 찾았다. 천천히 산 오르막길을 밟으면서 읊조리듯 하나님께 간구하기도 하고 그분의 의중을 구하며 깊은 생각에 잠기기도 한다. 어느 순간 20년 후, 30년 후의 모습이 되어 지금을 되돌아보는 때가 있다. 가끔은 훨씬 오랜 생을 살아본 지긋한 나이의 자신이 현재의 나에게 충고 같은 것을 해주기도 한다. '지금 해놓지 않으면 나중에 후회하게 될지도 몰라', '결국 다시 하게 될 텐데 왜 그렇게 하고 있어?' 미래에 대한 큰 그림이 그려지기도 하고 해야 할 일이 새록새록 솟아난다.

본사 이전 어느 날, 서울을 벗어날 때가 된 것 같다는 생각이 계속 마음을 두드렸다. 산에 올라 기도해 봐도 마찬가지였다. 너무 의외여서 마음이 복잡해지거나 심기가 불편해지는 일은 없었다. 설렘과 냉정이 동시에 이는 듯했다. 평안함이었다. 임직원들도 설명을 듣더니 딴죽 걸지 않고 흔쾌히 동의해주었다. 하나님이 잡아 이끄시는 것이라고 믿기로 했다.

"여러 면에서 저희에게 득이었습니다. 서울에서는 사무실 네 군데를 임대해서 사용하고 있었는데 들어가는 돈이 만만치 않았어요. 엄청난 비용을 줄일 수 있었습니다. 또 환경 교육 프로그램인 '녹색 지속 발전 프로그램'을 진행하고 있는데요. 녹색 전파자, 환경 지킴이라는 정체성에 한 발짝 더 다가가게 되었습니다. 좀 더 깨끗하게 해놓고 하나님께 가야지요. 직원들도 자연과 가까이 있어 좋다고 합니다. 공기도 맑고 마음도 여유로워진다고 하네요. 구약에 '내 생각이 너희의 생각과 다르며 내 길은 너희의 길과 다르다'

는 말씀이 있는데요, 정말 그런 것 같습니다. 믿고 따랐을 때 생각지도 못한 은혜를 부어주시거든요."

본사를 옮기고 나서 김경섭 회장은 먼저 떡부터 맞췄다. 붉은 팥고물이 들어간 따끈따끈한 시루떡을 인근 마을에 돌리며 이사 온 것을 알렸다. 은박을 눌러 만든 일회용 접시는 피했다. 깨끗한 사기 접시에 담아 정성스럽게 대접하고자 했다. 떡 한 조각에 주민들의 얼굴이 반가운 친구를 만난 것처럼 환해졌다. 그냥 돌려보내는 경우가 없었다. 사탕 몇 알, 초콜릿 한 개라도 다시 담아 내왔다. 접시를 받쳐 들고 오는 길이 넉넉하고 푸근했다.

김경섭 회장은 지역사회에 보탬이 될 만한 것이 없을까 궁리하다 한국리더십센터에서 가장 잘할 수 있는 교육을 내놓기로 했다. 보개초등학교 교사들을 초대해 알짜배기 프로그램을 제공했다. 직원 자녀들이 다니는 학교 선생님들이라 요모조모 신경을 많이 써서 맞았다.

보개초등학교는 한 반에 학생이 여덟 명에서 열 명밖에 되지 않는다. 누구 집 밥숟가락이 몇 개인지도 속속들이 알 만큼 허물없이 지낸다. 자연과 함께 맘껏 뛰어놀아도 누구 하나 뭐라 할 사람이 없다. 글로벌 리더를 키우는 데 안성맞춤인 교육 환경이다. 여기에 교사들의 코칭이 더해지면 교육의 질이 눈에 띄게 나아질 것이다. 벌써 교사들의 따뜻한 칭찬에 익숙해진 아이들이 조금씩 작은 성공을 맛보고 있는 것 같다.

세계적 리더나 지도자는 대부분 시골 출신이다. 대도시에서 어린 시절을 보낸 사람이 드물다. 교육 여건도 월등하고 지내기에 훨씬 편리한데도 훌륭한 인물을 배출하는 능력은 대도시가 상대적으로 빈약하다. 지나친 경쟁 가운데서 맴돌기 때문이다. 닭장 같은 제한된 장소, 바듯한 생활 패턴은 생각하고 느낄 만한 여유를 앗아가버린다. 한국도 별반 다르지 않다. 역대 대통령을 봐도 먼 지방에서 자랐고 유명 문인들 역시 서울 아닌 곳이 고향이다. 김경섭 회장은 30년, 40년 후에도 똑같은 현상이 되풀이될 것이라고 본다.

"개화기 당시 조선을 겪어본 서양인들은 우리나라를 동방예의지국, 고요한 아침의 나라로 칭송했습니다. 조선시대 교육은 전적으로 성품 교육이었습니다. 기품 있는 문화인의 정취를 은은하게 풍겼어요. 리더십은 자신과 남을 이끄는 것입니다. 성품을 기반으로 합니다. 2010년까지 대략 500만 명이 한국리더십센터를 거쳐 갔습니다. 전 국민의 10분의 1에 해당하는 사람들에게 한 시간 반 이상 리더십 교육을 경험하게 하고자 다짐했는데 어느 샌가 목표를 이뤘네요. '남을 대접하라'는 말씀에 인도하심이 있었어요. 2015년까지 750만 명을 채울 겁니다. 그리고 나이 아흔아홉을 먹도록 강의하고 있는 저를 보게 될 겁니다. 죽을 때까지 마음 넓히기 사명을 감당해야죠."

# ▪ 먼저 당신의 사랑을 일깨워주신다

■
## 용혜원 시인

젊은 시절 성경을 100번 넘게 거듭 읽으며 자신을 사용해주시길 간구했다. 하나님의 사랑에 빠져들수록 더욱 부지런해질 수밖에 없고 매사에 노력을 기울이지 않을 수 없다는 것이 그의 경험이자 고백이다. 시집, 수필집 등 그동안 선보인 책이 150여 권이나 된다. 펼치는 강연도 한 해 500여 회에 이른다.

**쓴 책** 『내가 사랑하는 사람아』, 『사랑하는 사람아 가을 빛깔에 함께 물들자』, 『하나님 내 전화 받아주세요』, 『네가 내 가슴에 없는 날은』, 『성공을 만드는 말의 힘』, 『성공을 부르는 30초 웃음학』, 『그대 곁에 있을 수만 있다면』, 『늘 그리운 사람』, 『늘 보고픈 사람』 외 다수.

하나님이 세상을 이처럼 사랑하사
독생자를 주셨으니 이는 그를 믿는 자마다
멸망하지 않고 영생을 얻게 하려 하심이라
요3:16

"너희 중에 숲이 흐느껴 울거나 지긋이 웃는 것을 느낄 줄 아는 사람은 이다음에 시인이 될 수 있을 게다."

국어 선생님의 말이 가슴 깊은 곳을 훑고 지나갔다. 중학교 2학년 교실 한 귀퉁이에서 시를 쓰는 사람으로 살고 싶다는 꿈을 조심스럽게 품었다. 은혜 가득한 정원 같은, 환한 꽃밭 같은 시상이 머릿속을 수줍게 맴돌았다.

"해바라기/ 목덜미를/ 누가 간지럽게 했으면/ 저렇게 신나게 웃고 있을까"(「해바라기」 중).

시를 써보니 세상 모든 게 아름답게 보였다. 작은 꽃 한 송이도 다 피어나는 이유가 있었고 길가의 돌멩이도 저마다 거기에 놓인 사연을 지니고 있었다. 시에 푹 파묻혀 지냈다. 서점으로, 헌책방으로 바지런히 발품을 팔아 좋은 시들을 골라 읽고 또 읽었다. 시집을 품고 잠들어버린 날도 헤아릴 수 없었다. 어쩌다 소나기를 만나기라도 하면 아무 일 없다는 듯 처량히 맞으며 걸었다. 왜 옷이 다 젖어서 들어오느냐고 어머니가 한 소리 하시면 목소리 낮게 깔아 대꾸했다.

"쓸쓸해서요."

그로부터 스무 해를 보낸 서른다섯 살에 첫 시집을 냈다. 신춘문예 문을 두드렸다가 열 번 넘게 외면당했을 정도로 길고 고된 습작기간을 보냈다. "마음이 따뜻해지는 것 같아요", "제 마음을 글로 옮겨놓으셨네요." 일상의 언어, 알기 쉬운 말로 엮은 그의 시에서 사람들은 편안한 여운을 찾았다. 뭉클한 공감을 얻어 가는 이들도 많았다. 1990년대 초부터 시인 용혜원이 부르는 사랑 노래는 발간되는 책마다 줄곧 시 부문 10위 안에 드는 베스트셀러가 되었다. 시인 등단도 권위 있는 문학지에서 투고를 권유해 이뤄졌다.

이름 앞에 시인이라는 수식어가 붙던 해, 젊은 용혜원은 목사가 되었다. 영혼을 돌보는 천상의 일이라지만 한편으로는 그저 가난뱅이 시인일 뿐이었다. 전도사 직함을 달고 섬기던 어느 날 남루한 차림의 냄새나는 거지 한 명이 교회 문을 두드렸다. 좀 크다는 남의 집 지하 차고를 비우고 예배당으로 꾸민 단출한 교회였다. 거기서 용혜원 시인과 아내, 자식들이 오순도순 끼니를 지어 먹고 잠자리를 해결했다.

거지가 무뚝뚝하게 물었다.

"여기 교역자가 누구요?"

용혜원 시인은 살뜰히 거지를 맞았다.

"제가 전도사입니다만 어쩐 일이신지……."

그러자 거지가 다짜고짜 쓴소리를 뱉었다.

"이래 갖고 교회가 되겠습니까?"

여기저기 빌어먹고 사는 거지 눈에도 용혜원 시인의 처지가 딱해 보였던 모양이다. "뭘 도와드릴까요?"라고 되물었지만, 거지는 영 못마땅하다는 듯 투덜투덜 외면하고 가버렸다. 속이 쓰리고 아팠다. 아무리 가난한 자가 복이 있다고 해도 이건 아니다 싶었다. 모자라는 생활비를 메우려 직장에 나간 아내에게 미안했다. 못난 가난을 시의 밑천으로 삼고 싶은 마음은 털끝만큼도 없었다.

신앙을 가진 사람들이 모인 문학 동아리에서 용혜원 시인은 아내를 처음 만났다. 아내와 사귀게 된 사연도 서정시처럼 낭만적이었다. 명동의 찻집에서 모임을 마치고 나와보니 빗방울이 떨어지고 있었다. 챙겨 온 우산이 없어 우물쭈물거리는 사이 누군가 뒤에서 말을 걸어왔다.

"제 우산 같이 쓰고 가요."

유난히 마음을 파고들던 여성이었다. 속에서 방망이질을 해대고 있는지 심장이 쿵쾅거렸다. 용혜원 시인은 슬쩍 손을 주머니에 찔러 넣어 가진 돈을 살폈다. 차비로 쓸 동전 두 개만 잡혔다. 지폐 한 장 없이 헐렁했지만 그래도 기회가 왔다 싶어 용기를 냈다.

"차 한잔 사줄래요? 다음엔 제가 낼게요."

첫 데이트를 하고 100일 만에 결혼식을 치렀다. 시를 쓰듯 멋지게 가정을 꾸려가고자 했지만 쪼들리는 살림은 어쩌지 못했다. 결혼 후 6년 간 이사만 자그마치 열네 번이었다. 늘 반년도 채우지 못하고 이리저리 옮겨 다니기만 했다. 방 얻을 돈은 턱없이 부족하고 당장 안칠 쌀이 없어 전전긍긍하는 일상이 솔직히 서글펐다.

히틀러가 대학살을 저지른 목욕탕 문 안쪽과 벽에는 누군가가 손톱으로 긁은 자국들이 아직도 남아 있다고 한다. 벌거벗겨 떠밀려 들어간 유대인들이 맞이한 것은 시원한 물줄기가 아닌 끔찍한 독가스였다. 유대인들은 죽어가면서 "Gott ist hier하나님이 여기 계시다"라고 벽에 새겼다. 그들은 하나님이 곁에 계심을 느꼈다. 숨이 끊어질 듯한 고통 한가운데서도 선하게 인도하시는 하나님을 생각하고자 했다.

씁쓸했다. 거지를 돌려보낸 후 용혜원 시인은 매일 삼각산에 올랐다. 늦은 열 시부터 이른 네 시까지 기도원에서 무릎을 꿇고 밤을 지새웠다. 언젠가 꽤나 알려진 분이 수감 생활 중 성경을 100독 했더니 자신도 모르게 말문이 터졌고 출옥하고 나서 강의를 술술 풀어내게 되었다는 이야기를 읽은 적이 있었다. 하나님 역시 말씀으로 세상을 창조하셨다. 용혜원 시인은 누구보다 말의 힘을 잘 알고 있었다. 시뿐만 아니라 강의로도 탁월한 메시지를 전하고 싶었다. 대한민국에서 내로라하는 강사가 되고픈 바람이 굴뚝같았다.

어둑한 산길을 오르내리며 용혜원 시인은 잠자는 나무들을 향해, 누워 있는 바위에 대고 연습 삼아 설교를 했다. "나무들아, 회개하라!", "바위야, 네 죄를 뉘우쳐라!" 그러면 나무와 바위가 느릿느릿 대답해왔다. "회개는 너나 해라!", "나는 여기서 꿈쩍 안 할 거라고!" 무척 더뎠다. 1년에 꼬박 6개월씩 밤잠을 쫓으며 매달렸지만 변화라고 할 만한 것이 거의 눈에 띄지 않았다. 하도 답답해 몸부림치며 막무가내로 떼를 쓰기도 했다. 울기도 많이 울었다.

한 번은 바닥에서 데굴데굴 구르고 있는 용혜원 시인을 곁에 있던 친구가 와락 끌어안았다. 새벽 두 시쯤 되었던 것 같다.

"이보게, 나중에 주님이 너를 보았노라고 하실 거야. 너의 기도를 듣고 있었다고 말씀해주실 거야."

친구의 말에 겨우 진정할 수 있었다.

기도조차 막힐 때는 "하나님이 세상을 이처럼 사랑하사 독생자를 주셨으니……", 요한복음 3장 16절 말씀을 되풀이해 외웠다. 두 팔을 들고 "이처럼!", "이처럼!"을 힘줘 고백하며 하나님의 사랑이 어떠한지를 묵상했다. 번잡하고 어수선한 마음을 떨쳐낼 필요가 있었다.

성경도 목숨 걸고 읽었다. 틈나는 대로 그리고 시간을 뚝 떼어내 몰입하려 애썼다. 솔직히 기도만으로는 부족했다. 흔히들 기복신앙이라고 일컬었다. 급하다고 새삼 하소연하고 원하는 것 얻으려고 매달리는 버릇을 탈탈 털어내야 했다. 딱히 기댈 곳도 없었다. 남부럽지 않게 목회를 하는 것도 아니고 부모님이 물려준 든든한 재산이 있는 것도 아니었다. 생긴 얼굴도 거머쥔 학력도 반반하지 못했다. 적어도 한 달에 한 번은 앞장부터 제일 끝장까지 성경을 내리 읽었다. 그렇게 6년을 보냈다. 온갖 힘을 짜내 100독을 채웠다.

"묵상을 해야 인도하심을 받고 있다는 굳은 믿음이 생깁니다. 조용한 가운데 마음속으로 하나님을 생각하는 것 말입니다. 에이든 토저 박사가 '성령의 채움을 얻기 위해서는 먼저 비움이 선행돼야 한다'고 말했어요. 성급하거나 서두른다는 것은 나름 욕심이 있다는 뜻이잖아요. 저라고 왜 속상하지 않았겠습니까? 확 자살해버릴까 하는 갈등이 없었다면 거짓말이겠죠. 예수님도 할 수만 있거든 이 잔을 옮겨달라고 기도하셨잖아요. 너무도 고통스러우니까 피하고 싶으신 거죠. 그럼에도 예수님이 돌이키시는 것을 보며 저도 절망이 손을 내밀 때마다 거절했습니다. 묵상이 그렇게 마음을 인도한 거예요."

"나는 포도나무요 너희는 가지라."

"들의 백합화가 어떻게 자라는가 생각해 보라."

멋졌다. 용혜원 시인이 만난 예수님은 가히 불세출의 시인이었다. 시 쓰기는 거짓 없는 참된 말을 발견하는 작업이다. 마음 흡족한 한마디를 끄집어내는 일이 결코 만만치 않다. 그런데 예수님은 진리라 할 수 있는 말들을 거침없이 쏟아내셨다. 지극히 쉬운 말임에도 마음을 뒤흔드는 힘이 정말 어마어마했다. 자세히 곱씹지 않을 수 없었다. 들여다볼수록 그분이 묘사한 말은 그 깊이가 아득했다. 그럼에도 의문부호보다 느낌표가 훨씬 더 많이 찍히는 것이 놀라웠다.

시는 가까이 있다. 진심으로 드리는 짧은 기도가 시고, 예배 시간에 회중과 인도자가 주고받는 교독이 시다. 예수님을 구주로 영접하는 고백 역시 아름다운 한 줄 시다. 성경에 예수님의 사랑이 표현되어 있지 않고 감성을 자극하는 시편, 전도서, 아가서가 빠져 있다면 말씀을 상고하는 독특한 묘미를 맛보지 못했을 것이라는 생각이 들었다. 운율 없는 건조한 교리서에 지나지 않을 것 같았다.

"당신은 그분을 만나 보셨습니까 / 온유한 모습으로 찾아와 / 나는 길이요 진리요 생명이라 / 말씀하시는 이 / 예수를 만나 보셨습니까"(「당신은 그분을 만나 보셨습니까」 중)

용혜원 시인은 마음에 떠나지 않고 남아 있는 느낌을 공책에 적었다. 장인이 한 땀 한 땀 정성들여 옷을 지어가듯 '나사렛 시인' 예수님을 묵상하여 시로 풀어 썼다. 마태, 마가, 누가, 요한 등 제자들이 목격한 예수님의 생애를 시 한 편 한 편으로 단락 짓고 그것을 이어서 연작으로 묶었다. 그분의 영민한 가르침을 전하지 않고는 못 견딜 것 같았다. 묵직한 책이 되었다. 500편에 두 편이나 더 얹었다. 그만큼 예수님의 사랑이 강렬했다.

"저에게 묵상은 바로 예수 그리스도입니다. 예수 그리스도를 마음에 담는 시간이지요. 세상의 소리를 끊고 예수님이 속삭이는 소리를 듣는 시간이기도 합니다. 지금까지 성경을 300번 넘게 통독했습니다. 묵상할 때마다 말씀이 살아 움직이는 것을 느껴요. 성경은 예수 그리스도에게 초점이 맞춰져 있습니다. 구약도 온통 예수님에게로 달려가고 있지요. '주는 그리스도시요 살아계신 하나님의 아들이시니이다'라는 고백이 절로 나와요. 우스갯소리로 종종 말하곤 합니다. '예수 그리스도를 주로 시인하고 싶어서 시인이 되었다'고요."

용혜원 시인은 예수님을 고등학교 2학년 때 처음 만났다. 국악예술고등학교에 다니는 국비장학생이었다. 교복도 거저 주고 차비와 학용품도 대가 없이 지급된다고 해서 중학교 때부터 국악을 배웠다. 어머니가 콩나물이며 갖은 채소를 판 돈으로 생계를 잇고 있는 형편이라 어쩔 수 없었다. 거기에서 가야금을 전공했다. 한데 휘모리가 뜯어지지 않았다. 아무리 연습해도 급하디 급한 휘모리장단을 따라가지 못했다. 자신의 달란트가 아니었다.

어느 가을 오후였다. 노방전도를 나온 목사님이 집 마당에 앉아 있는 용혜원 시인의 손에 전도지를 쥐여주었다. 전도지에는 요한복음 3장 16절이 적혀 있었다. '……이처럼'에 녹았다. 우주 공간을 뛰어넘고 시대를 건너뛴 절대적 사랑이 세 글자 안에 담겨 있었다. 그 사랑이 다가왔다. 마음의 준비를 할 겨를도 없이 순식간에 벌어진 일이었다.

며칠이 지난 주일, 용혜원 시인은 전도지에 소개된 교회를 제 발로 찾아갔다. 새로 나왔다고 다들 박수쳐 반겨주었다. 꼴찌를 도맡아 하던 학교에서는 박수 받을 일이 없었다. 교회는 달랐다. 남들에게 처음 받는 박수였다. 부끄러워 얼굴이 홍당무처럼 빨개진 용혜원 시인의 손을 목사님이 꼭 잡아주셨다. 40년도 더 된 일인데 지금도 기억에 생생하다. 그렇게 따뜻할 수가 없었다. 설렘이 이내 깨달음이 되었다. 예수님의 손길이 이처럼 따스하고 든든하다는 것을 첫 예배에서 느낄 수 있었다.

"요한복음 3장 16절이 제 인생을 바꿔놨습니다. 분명 말씀에 길이 있고 인도하심이 있어요. 모든 것을 알고 계시고, 모든 것을 행하실 수 있는 분이 저를 이처럼 사랑하신다는 데 못할 것이 무엇이겠느냐는 생각이 들었습니다. 자신감이 생긴 겁니다. 내가 잘난 줄 아는 자만심과 틀려요. 간절히 의지하는 마음과 열정이 한데 어우러져요. 이것이 묵상의 힘 아니겠습니까?"

"때가 아직 낮이매 나를 보내신 이의 일을 우리가 하여야 하리

라. 밤이 오리니 그때는 아무도 일할 수 없느니라"(요 9:4).

19세기 영국의 철학자이자 경제학자인 존 스튜어트 밀은 요한복음 말씀을 좌우명으로 여기고 살았다고 한다. 한창 나이인 33세 때 결핵을 앓았고 15년 뒤에는 한쪽 폐를 잘라내는 큰 수술을 받아야 했다. 하지만 그는 병약한 몸을 탓하지 않고 세월을 아껴 집필에 매진했다. 『자유론』 등 그가 저술한 책들은 민주주의의 기반을 다지는 데 크게 기여했다. 1873년 66세인 그는 임종을 앞두고 "나는 최선을 다했다"고 의미심장한 유언을 남겼다.

용혜원 시인은 파도가 몰아치듯이 무섭게 시를 파고들었다. 넋 놓고 슬퍼할 틈이 없었다. 다른 사람을 향한 서운한 마음, 비판 어린 생각이 들어올 여지도 별로 없었다. 예수님의 행적을 살펴보니 빠듯한 하루하루를 사셨다. 수많은 무리에 둘러싸여 종일 시달린 뒤에도 기도하는 한적한 시간을 따로 챙길 정도로 열심을 내셨다. 그 와중에 틈틈이 제자들을 가르치고 여러 모양으로 생각해 볼 교훈을 던져주셨다. 늦은 밤에도, 새벽에도 기꺼이 사역을 감당하고 사역만을 생각하셨다.

집에 책상 하나 변변치 않았지만 용혜원 시인은 개의치 않았다. 방이고 부엌이고 아무 데나 털썩 눌러앉아 진중하게 시집을 탐독했다. 김소월의 시도 괜찮았고 박목월, 조병환 시도 좋았다. 누구에게나 반드시 얼마간의 비는 내린다는 롱펠로의 작품도 크게 공감하며 읽었다. '어떻게 이렇게 쓸 수 있지?' 저마다 다른 사람이 흉

내 낼 수 없는 표현으로 시를 꾸미고 있었다. 마음에 담아두려고 수십 번, 수백 번씩 음미하며 봤다. 『우리말 갈래사전』을 한 글자도 빼먹지 않고 뜻을 새겨가며 정독했다.

용혜원 시인에겐 그 흔한 운전면허증 한 장 없다. 운전 배울 여유가 있으면 그 돈으로 책을 사 보는 게 맞다 싶었다. 시에 매진하는 매일매일을 흐트러뜨리고 싶지 않아 차일피일 미루다 보니 60평생 뚜벅이 신세를 면치 못하고 있다. 용혜원 시인의 집에 들어가보면 책이 와르르 쏟아져 내릴 것만 같다. 1년에 수백 권씩 탐독해왔다. 손때 묻은 시집이 2만 권 가까이 된다.

결혼 생활 34년 동안 누군가가 깨워서 일어난 적은 딱 한 번밖에 없다. 그것도 아파서 못 일어난 날 강의 시간에 늦을까 아내가 몸져누운 남편을 흔들어 일으킨 것이다. 대개는 하루 전에 미리 준비해놓는다. 강의안도 깨끗한 종이로 출력해놓고 입고 나갈 옷도 반듯하게 걸어놓는다. 신문사나 잡지사에서 원고 의뢰가 들어오면 마감이 일주일이나 남았는데도 정리해서 보낸다. 약속 시간에도 어지간해서는 늦는 법이 없다. 대개는 10분, 20분 일찍 도착해서 기다린다. 언제나 그랬듯 계획적이고 치열하게 산다.

“목자 되시는 예수님을 따라가는데 어떻게 게으를 수 있어요? 성경을 받아들였다면서 무슨 낯짝으로 밤새도록 게임이나 하고 있습니까? 그래놓고 점심나절에 뭉그적거리며 일어나 밥숟가락을 들어요? 미치도록 일하면서 자기 분야의 책 3000권만 독파해봐요. 어떤 일이 벌어지는지……. 시인이 배고픈 직업이라고요? 저는 그렇게 생각하지 않습니다. '몇 년 만에 내는 책'이라고 홍보하는 책들이 있던데, 저는 게으름 때문에 공백이 생긴 것이라고 봐요. 시에 빠져 있으면 시상이 자꾸자꾸 떠오르기 마련이거든요."

예수님은 좋은 목자시다. 뒤따라오는 양들이 목이 마른지, 걸음걸이가 버거운지 말하지 않아도 세세히 아신다. "지난번에 거기 진짜 맘에 들었는데……", "이번에는 확 트인 곳으로 가고 싶어요" 양들이 무심코 던지는 이런저런 말들도 대충 흘려듣는 법이 없으시다. 혼자 중얼중얼거리는 소리도 귀에 담아놓고 기억해두셨다가 적당한 때에 가장 알맞은 곳으로 인도하신다.

신학대학교 3학년 때 일이다. 총학생회장이던 용혜원 시인은 신입생 후배들을 모아놓고 하나님의 사람답게 패기 있게 살아야 한다고 훈계를 늘어놓았다. 그리고 10년 내로 자신이 매스컴을 타게 될 테니 기대하라고 호언장담했다. 한참 세월이 흘러서 방송국으로부터 출연 섭외 전화가 걸려 왔다. 〈아침 광장〉이라는 프로그램에 자작시를 투고해놓은 터였다. 「옥수수」란 제목의 시를 낭송하려고 녹화 순서를 기다리다 까맣게 잊고 있던 약속이 떠올랐다. 후배들에게 호기롭게 얘기한 뒤로 딱 10년이 지나 있었다. 방송 출연으로 자신의 시에 용기를 얻게 된 것도 물론이다.

용혜원 시인은 성경 100독을 하며 묵묵히 기다렸다. 어느 날 강원도 어디 교회에서 청소년 집회를 맡아달라고 부탁했다. 기어코 대문이 열린 것 같은 기분이 들었다. 그때부터 지금까지 쭉 강의를 놓지 못하고 있다. 대중을 상대로 하는 강의가 자신에게 더 어울리는 것 같다고 기도했더니 17년 전부터 일반 기업체에서 요청이 들어오기 시작했다. 한국리더십센터와 데일카네기연구소에서 마련해준 강단에 서고 나서 강의가 재미있다는 소문이 삽시간에 퍼졌다. 섭외 전화가 전국에서 물밀듯 밀려들었다.

강의 스케줄이 하루에 다섯 건이나 잡힌 적도 있었다. 밤늦게까지 쉴 새 없이 떠들던 기억밖에 나지 않는다. 하루에 한 번씩만 연락이 오면 좋겠다고, 그러면 일 년 내내 마이크를 잡을 수 있다고 구했건만 맡겨지는 강의는 기도한 것 이상으로 넘치고 넘쳤다. 1년에 보통 500군데를 다닌다. 시간이 겹쳐 어쩔 수 없이 사양해야 하는 경우도 잦다.

용혜원 시인의 별명은 수도꼭지다. 한 해에 한 권도 내기 힘든 시집을 1년에 세 권가량 꾸준히 펴냈다. 수필집, 묵상집 등 그동안 선보인 책이 150여 권이나 된다. “제 키만큼 책을 쓰게 해주십시오”라고 바람을 말씀드렸더니 차곡차곡 쌓아 올린 높이가 정말 자신의 키를 훌쩍 뛰어넘었다.

용혜원 시인은 강의 중 본인의 시를 자주 언급한다. 그러면 “그래, 맞아” 호응하는 분위기가 가득 감돈다. 전에 부산에서 세미나를 마치고 숙소에 도착해보니 바다를 지척에 두고 있었다. 철썩이다 좌악 밀려가는 파도 소리에 설레 잠이 오지 않았다. 살다 보면 시커먼 밤바다처럼 가슴이 새까맣게 타들어가는 때가 얼마나 많은지……. 울컥거렸다. 파도가 어둠을 한 주먹씩 물어 가니까 새벽이 오는 것이겠지. 아프더라도 상한 속을 꺼내볼 때마다 밝은 날이 점점 가까이 다가오겠지. 용혜원 시인은 가슴이 불러주는 대로 읊었다.

"새벽이 오는 시간 / 하얀 이빨을 드러낸 / 파도가 밀려와 / 어둠을 한 잇씩 물고 달아난다"(「새벽 바다」 중).

자신이 대단해서도, 빼어나게 시를 잘 쓰기 때문도 아니다. 종종 시가 리듬을 타는 것 같다는 얘기를 듣는다. 음악을 제대로 공부해내지 못했지만 창작에 보탬이 되면 되었지 헛되이 보낸 시간은 아니었다는 생각이 든다. 그리고 모든 시에 과거의 경험이 고스란히 담긴다. "한 순간도 그냥 지나가는 세월이 없구나." 용혜원 시인은 고단한 삶에서 공감을 이끌어내는 시인의 마음을 익힌 것 같다.

목사이자 베스트셀러 작가인 찰스 스탠리는 "하나님이 당신의 필요를 80퍼센트 혹은 90퍼센트 정도만 채우실 것이라고 생각하는가? 하나님은 그런 분이 아니시다. 하나님의 공급의 풍성함은 우리가 요구하는 것 이상이다"라고 말했다.

용혜원 시인의 생각도 다르지 않다. 축복을 받기 원한다면 하나님의 뜻을 잘 분간해서 좇기만 하면 된다. 자신이 포도나무에 붙어 있는 것을 인식하기만 해도 발목 잡는 여러 모양의 문제와 그때그때의 필요가 저절로 해결된다. 오병이어 사건을 봐도 알 수 있다. 하는 일 없이 가만히 앉아 있는 게 전부였는데도 때가 되자 큼직한 빵이 쥐여졌다. 먹고 남은 빵 조각이 열두 바구니에 가득 찰 정도로 식사 자리가 풍성했다.

"무더운 여름이었어요. 강의 끝내고 집에 들어가니까 아내가 '잠깐만 기다려!' 그러더니 큰 양푼에다가 국수랑 열무김치를 넣고 맨손으로 쓱쓱 비비고는 젓가락을 확 찔러서 가져오는 거예요. 국수가 어찌나 먹음직스럽게 보이던지. 후루룩 정신없이 맛있게 먹고 나니까 이번에는 얼음 동동 띄운 냉커피를 타 왔어요. 조그만 잔이 아니라 이만 한 머그컵에요. 시원하게 들이켰지요. '너는 내 여자니까, 너는 내 여자니까!' 노래를 흥얼거리게 되더라고요."

몇 년이 지난 일을 고인 침을 삼키면서 전하는 용혜원 시인의 표정이 행복해 보인다. 국수 한 그릇 말아주지 않고 냉커피 한잔 타주지 않는 아내가 어디 있을까만, 용혜원 시인은 일상의 순간순간을 인생 최고의 행복으로 받아들인다.

"여보, 오늘은 어제보다 더 예뻐진 것 같아."

용혜원 시인이 애교를 섞어 깨우면 아내가 까르르 웃으며 기분 좋게 눈을 뜬다. 어쩌다 한 번이지만 집을 나서기 전 아내가 엉덩이를 세 번 두드려주며 잘 다녀오라고 응원해줄 때가 있다. 용혜원 시인은 그 인사가 그렇게 좋을 수가 없단다. "문 잠그고 가", "저녁 먹고 들어와!" 나와 보지도 않고 성의 없이 내지른다면 사는 게 정말 재미없을 것이다.

시인으로만 살고 싶어 24년 목회 생활을 정리하고 들어온 날, 아내가 건넨 말에 큰 만족감을 느꼈다.

"여보, 지난 24년 동안 당신 설교 들으면서 한 번도 지루해본 적이 없었어."

정말 날아갈 것 같았다.

용혜원 시인에게 사랑은 '익숙해지는 것'이다. 신뢰를 계속 연습하고 솔직한 자신의 모습을 자꾸 내보여주는 게 사랑이다. 예수님과 동행하는 삶도 마찬가지다. 목자의 음성을 듣는 일상에 익숙해지지 않으면 안 된다. 책을 읽다가도 묵상이 이뤄지고 시를 쓰는 조용한 시간에 주님을 만날 수 있다. 밥을 먹고 있는 중에도, 강의하러 지방으로 향하는 차 안에서도 묵상에 잠긴다. 거기에 행복이 있고 세상이 상상도 하지 못하는 일상의 기쁨과 넉넉함이 있다.

용혜원 시인은 새해 초에 1년 동안 기도할 기도 제목을 정리해서 적어놓는다. 되짚어 보면 20대에 필요한 것은 20대를 넘기지 않고 주셨고, 30대에는 30대에 걸맞게 쓸 것을 준비해주셨다. 성경을 보면 묵상하는 자는 시냇가에 심은 나무처럼 철을 따라 열매를 맺는다고 나와 있다. 하나님은 한꺼번에 확 부어주셨다가 뜸해지는 그런 분이 아니다. 성실한 공급자시다.

“묵상은 라틴어로 ‘메디켈루스’입니다. ‘약’이라는 뜻을 가지고 있어요. 봉투에 담긴 약은 그 상태로는 아무런 효력이 없습니다. 물과 함께 삼켜야 비로소 약효가 나타납니다. 묵상은 믿음을 불러일으키고 사랑을 솟아나게 합니다. 성경의 사건이 나의 현실의 삶에 들어와 하나님의 인도하심을 체험하게 해줍니다. 젊은이들에게 ‘실패했다고 하지 마라. 경험했다고 해라’라고 말해줍니다. 하나님이 원하시는 길을 깊이 묵상해보세요. 믿고 확신하면 사실이 되고 실제가 됩니다. 인도해주시지 않는 게 아니거든요.”

# ▪ 말씀을 딛고 이기게 하신다

■

## 전옥표 대표

새벽 네 시 반이면 어김없이 일어나 홀로 하나님과 조용한 시간을 갖는다. 30분 정도 눈을 감고 마음을 비워내면 주거니 받거니 잔잔한 교제가 일어난다. "이 책을 통해 하나님의 살아계심을 간증하겠습니다"라고 기도했다. 『이기는 습관』은 150여 만 부가 나간 초대형 베스트셀러가 됐고, 여러 사람 앞에서 하나님을 전하는 삶으로 급선회했다.

**쓴 책** 『이기는 습관』, 『청소년을 위한 이기는 습관』, 『킹핀』, 『내 삶을 성취로 이끄는 동사형 인간』, 『크리스천 경쟁력』, 『습관부터 바꿔라』, 『모세처럼 기도하고 여호수아처럼 실행하라』 등.

사람이 마음으로 자기의 길을 계획할지라도
그의 걸음을 인도하시는 이는 여호와시니라
잠16 : 9

성경에 탁월한 경영 원리가 짙게 베어 있다는 사실은 오랜 경험을 통해 알고 있었다. 삼성전자 전략마케팅팀의 수장으로, 유통을 총괄하는 사령관으로, 기업 CEO로 중요한 결정을 내릴 때마다 말씀에 나타난 예수님의 지혜를 묵상해왔다. 담대하게 적용하기만 하면 백전백승이었다.

묵상을 통해 삶의 흐름을 잡았다. 살펴보니 예수님은 동사형 인생을 사셨다. 가난한 자들, 병든 자들이 있는 현장을 찾아 언제나 앞서 움직이셨다. 이론에 치우친 탁상공론과는 거리가 멀었다. 많은 제자 중에서 따로 예수님의 부름을 받은 열두 명은 훈련된 프로 사관생도였다. 잘 되는 조직은 그 안에서 전문가를 길러낸다. 예수님 역시 프로세스를 밟아 일하셨다. 대충 기도하지 말고 이렇게 기도하라고 주기도문이라는 새로운 프로세스를 만들어주셨다.

조직문화에 대해서도 말씀하셨다. 교회는 기도하는 집이라고, 장사하는 곳이 아니라고 명확한 개념을 제시하셨다. 또한 예수님은 최고의 마케팅 감각을 가진 분이었다. 밀집한 군중이 원하는 것이 무엇인지를 아시고 오병이어의 기적을 베풀어 배고픔을 해결해 주셨다. 예수님은 집요함을 보이기도 하셨다. 십자가를 지시기까지 끝까지 포기하지 않고 맡은 일을 감당해내셨다. 그분은 한 번도 지는 모습을 보인 적이 없다. 보란 듯이 다시 살아나셨고 기어이 승리를 거머쥐셨다.

『이기는 습관』이라는 제목을 달았다. 예수님의 행적에서 배운 여섯 가지 큰 주제 안에 몸소 체득한 스물두 가지 승리 방식을 적어 넣었다. 남을 짓밟고 1등을 차지한다는 기존의 생각과 여러모로 달랐다. 거인 골리앗을 쓰러뜨리는 데 대단한 신병기가 필요하지 않았다. 손에 익숙한 물맷돌과 돌팔매만으로 충분했다. 스스로, 즉각 움직이는 습관이 비전 성취의 키포인트였다. 3년을 들여 원고를 정리했다. 자기계발서 집필은 처음이었다. 한마디로 대박이 났다. 『이기는 습관』은 거의 모든 직장인에게 필독서가 되었다.

"아빠, 뭘 그렇게 열심히 하세요? 책도 다 쓰셨잖아요."

2007년 봄 전옥표 대표는 서재에서 무언가를 휘갈기듯 되풀이해서 적고 있었다. 아내와 딸이 궁금해하며 물었다. 드디어 모레나 글피에 책이 나온다고 연락을 받아놓은 터였다.

"보면 모르겠냐? 지금 사인 만들고 있잖아."

떡 줄 사람은 생각도 안 하는데 김칫국부터 마신다고, 너무 기대했다가 실망만 커지면 어떡하느냐 하고 두 사람 다 말렸다. 전옥표 대표는 살며시 웃었다. 무모해 보였지만 이스라엘 백성들이 재지 않고 따지지 않고 묵묵히 일곱 바퀴를 돌자 여리고 성벽이 그대로 무너져 내렸었다. 사인을 연습했던 것은 믿는 구석이 있어서였다. 괜한 일을 하고 있는 게 아니었다.

며칠 전 전옥표 대표는 언제나 그랬듯 새벽 네 시 반에 일어나 혼자만의 조용한 시간을 마련했다. 차분히 맞이하는 새벽이 좋았다. 천천히 성경을 읽고 나서 하나님이 원하시는 바가 무엇인지 가만히 음미했다. 평소 하던 대로 30분 정도 두 눈을 감고 담담히 마음을 비워내려 했다. 그러면 주거니 받거니 교제가 일어나고 어렴풋이나마 그분의 뜻이 어디에 있는지 알게 되는 순간이 왔다.

전옥표 대표가 강연 나가서 빼먹지 않고 복창시키는 것이 있다.

"시시한 것이 제일 중요하다!"

매번 똑같은 주일 예배 한 번쯤 거른다고 당장 큰일이 생기지는 않는다. 그렇다고 예배를 결코 등한시할 수는 없다. 하나님은 우리 모두를 예배하는 사람으로 부르셨다. 들이마시고 내쉬는 공기 역시 보이지 않고 움켜잡을 수 없어 평상시 고마움을 느끼지 못하는 것이지 생명을 유지시켜주는 꼭 필요한 존재임에 틀림없다.

묵상도 하찮아 보이기는 마찬가지다. 하루 이틀 공들였다고 덜컹 크나큰 깨달음을 얻는 경우는 좀처럼 일어나지 않는다. 어제와 별반 다르지 않은 오늘의 묵상에 흥미를 잃는 일이 다반사다. 소득 없이 시간만 낭비하는 것 같아 언짢기도 하다. 하지만 하나님은 인간을 마음속으로 묵묵히 생각하며 영성을 일깨우는 존재로 지으셨다. 위인이라 일컫는 이들은 대부분 묵상에서 삶의 원칙을 건져 올렸다. 내면을 반추하고 새로운 방향을 결정하게 하는 힘은 다름 아닌 묵상에서 나온다.

"사람이 마음으로 자기의 길을 계획할지라도 그의 걸음을 인도하시는 이는 여호와시니라"(잠 16:9).

누구는 음성을 들었다고 하고, 어떤 이는 말씀을 받았다고 표현한다. 전옥표 대표는 잠잠히 귀 기울이는 중에 평소 즐겨 외우던 성경 구절이 반짝하고 떠오른다. 하나님과의 친밀감이라고 해야 할까. 의심 한 점 없이 믿고 기대어 의지하고, 그것을 기꺼이 품고 맘껏 도와주려는 관계에서만 느낄 수 있는 기쁨이다. 순간 전옥표 대표는 믿고 있는 대로 이루어질 것이라는 사실에 스멀스멀 감사함이 밀려왔다. 기왕이면 책이 많이 팔렸으면 하는, 내친김에 베스트셀러 저자로 우뚝 섰으면 하는 사사로운 마음과는 아예 질 자체가 달랐다.

적당한 펜을 골라 들었다. 전옥표 대표는 알파벳 에스를 종이 한 면에 꽉 차게 큼직히 휘갈겨 썼다. 삼위일체 하나님을 뜻한다. 『이기는 습관』을 읽는 분들이 성공success을 맛보고, 하나님을 주제subject로 하는 삶을 살았으면 하는 바람도 담았다. 에스 아랫부분에는 작게 이름 '전옥표'를 적었다. 그 일에 밑거름이 되겠다는 고백이자 다짐이었다.

"다른 말로 인도하심이지요. 하나님의 뜻을 발견했을 때는 마치 숨겨져 있는 금은보화를 찾은 듯한 느낌이 들어요. 묵상은 돈으로 살 수 없는 것을 얻게 해줍니다. 그다음에는 어떻게 하냐고요? 말씀하신 대로 따라가기만 하면 되지요."

전옥표 대표는 세 가지 단계를 밟아 묵상을 한다. 먼저 비우는 단계를 거친다. 모레 강의가 있는데 강사료가 얼마고 강의 시간은 어느 정도 걸리고 등 골치 아픈 생각들을 싹 비워낸다. 잡념과 돈에 얽매인 마음의 바깥에서 잠시나마 머물러보는 것이다. 고민에 발목이 붙잡혀 있는 상태에서는 하나님의 의중을 파악하기 어렵다. 은행에서 빌린 돈을 갚는 데 온통 정신이 팔려 있다면 시간만 흘러갈 뿐 묵상에 이르지 못할 것이다. 물론 비움이 쉽지만은 않다. 하지만 조금만 가볍게 해줘도 굉장히 홀가분해진다. 감사라는 좋은 도구가 있다. 거꾸로 생각해보면 된다.

배부른 소리 한다고 할지 모르지만, 컨설팅 업무가 녹록하지 않다. 치밀하고 치열한 준비는 기본이고 조그만 실수도 용납하지 않는 까슬까슬한 분위기에 스트레스가 이만저만이 아니다. '다른 할 일도 많은데 왜 귀찮게 아침 일찍부터 오라고 하는지…….' 입이 비쭉 튀어나올 만하지만 전옥표 대표는 불만을 누그러뜨리고 감사를 택하기로 한다. 아무나 못하는 대기업 자문 일을 맡았으니 정신없고 피곤하다고 감사를 놓아서는 안될 것이다. 회장님과 독대하며 이런저런 얘기를 나눌 수 있는 기회를 얻은 것도 우선 감사하고 볼 일이다.

넬슨 만델라 전 남아프리카공화국 대통령이 27년의 수감 생활을 마치고 출옥하던 날 사람들은 놀라움을 감추지 못했다. 허약한 몰골일 것이라는 예상과 달리 만델라는 고희를 넘긴 나이임에도 씩씩하게 걸어 나와 기자회견에 응했다. 건강을 묻는 기자의 질문에 그는 감옥 밑바닥에서 감사를 일군 것이 비결이었다고 전했다. 좁은 창틈으로 하늘을 보며 감사하고, 강제 노동을 할 때도, 물 한 잔을 마실 때도 하나님께 감사했다고 한다. 그는 노벨평화상을 받았고 결국 대통령에 당선되었다.

속에서 무언가가 일렁였다. "너를 내세우려 하지 마라"고 말씀하시는 것 같았다. 전옥표 대표는 오늘 일정과 관련해 궁금해지는 게 있어 살짝 여쭤보았다. '낮에 출판사에서 저를 인터뷰하러 온다는데 만나는 게 맞지요?' 조금 전과 같은 느낌이 되돌아왔다. "너를 드러내려거든 거절하는 게 옳다. 하지만 하나님의 영광을 위해 산다고 했으니 보태거나 과장하지 말고 있는 그대로 얘기해 주렴." 응답처럼 들려 두근거렸다. 왠지 편안했다. 곁에서 속삭이듯 들려

주신 듯했다.

그날 이른 오후 예정에 없던 손님이 다짜고짜 사무실 문을 두드렸다. 부장 진급에서 미끄러진 젊은 후배가 실의에 푹 젖어 들어왔다. 붙들고 두 시간을 위로해주었다. 말이 두 시간이지 반나절 할 수 있는 일을 손도 못 대고 건너뛰고 말았다. 그 시간 강의를 해도 짭짤한 수입을 챙겼을 것이다. 불편해지려 했지만 일단 무시하고 하소연을 들어주었다. 조금씩 기운을 차리고 밝은 걸음으로 나가는 뒷모습을 보는데 괜스레 가슴이 짠해졌다. 잘했다고 칭찬받는 듯한 묘한 기분이 들었다. 자연스레 새벽에 묵상했던 것이 떠올랐다. 인도하심이었다는 생각에 다시금 감사하지 않을 수 없었다.

비움은 하나님이 일하실 수 있는 여건을 만들어준다. 번민이 가득한 마음에는 하나님이 들어올 틈이 절대 생기지 않는다. 새벽 예배에 나가 아무리 부르짖어도 응답받지 못하는 이유는 욕심껏 제 갈 길을 정해놓고 거기에 하나님을 끼워 넣으려 하기 때문이다. 비움은 준비된 마음이라고 볼 수 있다. 내려놓음과 또 틀리다. 포기하고 내려놓는다 하더라도 간절히 바라는 것은 반드시 이루어주시기 때문이다.

"내가 가고자 하는 방향과 당신의 뜻이 딱 맞아떨어질 때까지 하나님은 기다려주십니다. 정말 어마어마하게 역사하세요. 다 준비되어 있다는 말입니다. 묵상을 통하지 않고서는 서로 만나는 부분을 알아낼 수가 없어요. 이름 알리겠다고, 티 내겠다고 담임 목사님한테 헌금 떡하니 가져다드리는 식으로 자아가 작용한다면 묵상이 잘될 리가 없겠지요. 굉장히 힘듭니다. 마음을 비우는 것이 무척 어려워요. 하지만 그 부분만 나아져도 하나님께서 많은 것을 말씀하실 겁니다."

전옥표 대표가 전하는 묵상의 다음 단계는 '만남'이다. 하나님과의 교제를 말한다. 이 부분을 흔히 기도라고 얘기하지만 일방적으로 떠들어대고 끝내버리는 간구와 상당한 차이가 있다. 말 그대로 가까이 사귀는 것이다. 뜨겁고 열정적인 기도에 잠기는 것과는 다른 일상을 닮은 편안한 만남이 일어난다. 물어볼 것이 있어 질문을 툭 던지면 훈훈한 뭔가가 밀려온다. 어린 자녀의 엉뚱한 말 한마디에 하나님이 행복해 웃으시는 것 같다. '너무너무 잘못 알고 있었구나.' 대화를 나누다 보면 오해가 풀리고 모자란 생각이 온전해진다. 가슴 설렘이 있고 뭉클함이 있다.

2006년 가을 전옥표 대표는 뜻밖의 전화 한 통에 크게 흔들린 적이 있었다. 배가 흉하게 부풀어 올라 걷는 것조차 힘겨워할 만큼 작은누님이 위중한 상태였다. 난소암이었다. 빈 입원실이 있는 대학 병원을 수소문해 겨우겨우 정밀 진단을 받게 했지만 마주한 소식은 참담했다. 길어야 두세 달이라며 병원은 더 이상 기대할 것이 없다는 사형선고를 내비쳤다. 수술을 한다 해도 회복은 불가능하다고 유감을 전해왔다. 다리에 힘이 풀리며 털썩 주저앉고 말았다.

가슴이 푸들푸들 떨렸다.

'이제 쉰셋밖에 안 되었는데……. 딸들 시집가는 것도 아직 못 보셨는데……. 이렇게 누나까지 먼저 보내야 한다니.'

대학교 새내기 때였다. 첫 중간고사를 치르고 있는데 어머니가 뇌출혈로 쓰러지셨다는 다급한 연락을 받았다. 서둘러 새벽 기차에 올랐다. 고향 집에 닿으려면 경상북도 김천에서도 한참을 더 들어가야 했다. 20리나 되는 시골길을 무작정 달렸다. 겉옷까지 땀으로 범벅이 되었지만 도저히 멈출 수가 없었다. 캄캄한 밤이었는데도 여느 날과 달리 방 안의 불이 환하게 켜져 있었다. 집에 들어서자 누님들이 전옥표 대표를 붙들고 대성통곡을 했다. 끝내 어머니의 임종을 지키지 못한 못난 아들이 되고 말았다. 어머니 나이 마흔아홉이었다.

누님들은 전옥표 대표에게 어머니와 다름없는 존재였다. 안타깝게도 작은누님의 병은 날로 악화되었다. 전옥표 대표는 금식 기도를 하며 매달렸다. 작은누님을 살려달라고 애원할 때마다 가슴이 미어지다 못해 찢어지는 것 같았다. 침착해지고 냉정해지려고 굳게 마음을 먹어도 슬픔이 북받쳐 시도 때도 없이 울컥거렸다.

그러다 간신히 진정하고 하나님의 생각을 살폈다. 이러고만 있으면 안 되겠다 싶었다. 작은누님의 시련을 어떻게 보고 계시는지, 이 일을 두고 무슨 말씀을 하시려는지 천천히 묵상하며 기다렸다. 슬픔을 누그러뜨리기가 쉽지 않았지만, 흐느낌도 그칠 줄 몰랐지만, 선하게 인도하신다는 확신과 신뢰만은 거두지 않았다. 얼마나 시간이 지났을까. 시편 말씀이 밀려 들어왔다.

"네 길을 여호와께 맡기라. 그를 의지하면 그가 이루시고"(시 37 : 5).

전옥표 대표는 자신의 마음을 들여다보았다. 작은누님이 곧 죽게 된다는 의사의 말은 바윗돌처럼 묵직했고, 오로지 하나님을 의지하겠다는 생각은 그것에 비하면 자갈돌마냥 가벼웠다. 반대편만 치우쳐 보고 있었음을 뒤늦게 알았다. 병의 위중하고 경함은 그분에게 대수롭지 않은 문제였다. 난소암쯤은 살짝 째려보는 것만으로도 깨끗하게 허물어버리실 수 있었다. 자신과 가족이 오롯이 주님만 의지한다면.

이후 작은누님은 빠른 속도로 회복되어 훌훌 자리를 털고 일어났다. 병원 의사들도 기적이라고밖에 설명할 길이 없다며 놀라워했다. 수술도 잘되었고 꾸준히 치료를 거듭해 결국 완쾌 판정을 받았다. 지금은 건강하게 시골 교회를 섬기고 있다. 그사이 어엿한 사위를 맞은 장모님이 되었다.

"교인들을 대상으로 강의를 하면 매번 비슷비슷한 질문을 받습니다. '십일조 한 번도 빼먹지 않고 내고 있고 봉사도 열심히 하는데 제 아들이 왜 대학에 떨어져야 합니까?'라고요. 그런데 요셉이 '감옥에 갇힌 게 너무 억울해서 미치고 팔짝 뛸 노릇이라고요'라고 반항하고 비뚤게 나갔다면 어떻게 되었을까요? 묵묵히 순종하다 보니 전혀 새로운 영역인 총리대신까지 가잖아요. 그리고 십자가 형벌은 굉장히 굴욕적인 사건이었지요. 하나님의 아들이라고 떠벌리고 다니더니 꼴이 저렇게 되었다고 비웃었어요. 그래도 결과는 딴판이었지요. 그 순간에는 완전히 패한 것 같지만, 믿는 자가 어떻게 이기는가를 당당히 보여주셨잖아요. 고난은 우리 삶에 주신 과정인 거예요. 실패라고 딱 잘라 말해서는 안 됩니다. '나락에 떨어졌다', '희망이 없다'. 그게 아니라는 거죠. 묵상이 고난의 이유를 알려줍니다. 어려운 시간을 겸허히 받아들이게 하고 그것을 극복하게 해줘요. 더 나은 삶으로 인도하실지 아닐지는 묵상을 해보시면 알 겁니다."

전옥표 대표가 대기업 임원 자리를 박차고 나왔을 때도 이러쿵저러쿵 걱정들이 많았다. 연봉이 확 깎이는데 직급만 올라가면 다냐고 주위에서 괜히 볼멘소리를 해댔다. 그동안 받은 각종 수당에 쏠쏠한 인센티브는 어디서 메울 것이냐는 아쉬운 말도 섞여 있었다. 이해되지 않는 바가 아니었다. 다른 곳으로 움직이지 않고 진급을 노리는 것이 사회적 통념에 비춰 볼 때 보다 현명할 수 있었다. 충분히 고개를 갸우뚱거릴 만했다.

IT 유통 회사를 맡아달라는 제의가 쉬이 뿌리치기 어려울 만큼 간곡하기도 했지만, 안정을 꾀할 40대 후반에 이직을 결심한 것은 하나님의 인도하심 때문이다. 한동안 '도전'이 묵상의 테마였다. 여분네의 아들 갈렙은 꾸부정 할아버지 나이인 85세에 전장에 나섰다. 기억에도 먼 45년 전 젊은 시절에 비전으로 주어진 약속의 땅을 얻기 위해서였다.

전옥표 대표는 큰 회사 회장이나 길거리의 노숙자나 밥 한 그릇으로 한 끼를 때우는 것은 매한가지라는 생각이 들었다. 목자 되시는 하나님을 따라가는 여정에서 진흙탕을 만날 수도 있고 가시밭길을 걷게 될 수도 있지만 궁극적으로 푸른 초장으로 인도하신다는 변치 않는 진리에 집중하니 자신감이 돋았다. 지혜롭지 못한 선택이라고 손가락질받을지 모르지만, 화평, 평안, 담대함 같은 부분에서는 도리어 이기고 있다는 확신이 생겼다.

하지만 이직한 회사 사정을 들여다보니 거의 관례적으로 매해 적자를 보고 있었다. 직원들은 위기 상황이 분명한데도 다들 나 몰라라 하며 자기 몸 사리기에 급급했다. 고심 끝에 취약한 부분에 손을 대려고 하면 하나같이 불쾌하게 사표를 내고 뒤도 안 돌아보고 나가버렸다. 전옥표 대표는 돌파구를 마련하려고 친분이 있는 출판사 대표를 찾아가 자문을 구했다. 뜻밖에도 그 자리에서 책을 내자는 제의를 받았다. 대한민국 직장인들에게 이기는 방법을 알려주는 일이 회사를 살리는 가장 빠른 길이라고 설득해왔다. '책은 무슨…….' 처음에는 한사코 사양했다. 『이기는 습관』이 자신의 삶에 큰 획을 긋게 될 줄은 감히 상상도 하지 못했다.

"지금 자신의 모습이 초라하고 별 볼 일 없다고 여기는 분들이 많습니다. 물어보고 싶어요. 지갑에 현금 두둑이 채우고 외제 차 몰고 다니는 것을 복 받았다고 규정하는지, 돈은 별로 없지만 겸소하게 먹고살 만큼은 되면서 평안을 누리는 것을 축복이라고 생각하는지……. 세상 기준으로 보느냐 주님 입장에서 보느냐 하는 가치관의 차이거든요. 묵상을 하지 않으면 그 차이가 보이지 않아요. 그런데요, 하나님은 당신의 자녀들이 쪼들리게 살아가도록 내버려두는 졸렬한 분이 아니에요. 잘못할 때마다 실망하시면서 벌주시는 그런 분도 아니고요. 사랑으로 항상 그대로 계시거든요. 제가 장담할 수 있습니다."

마지막 묵상 단계는 '듣고 행함'이다. 은혜에는 공짜가 없다는 것이 전옥표 대표의 지론이다. 저서 『동사형 인간』에서 밝혔듯이 하나님의 역사는 듣고 행하는, 미루지 않고 행동으로 옮기는 이들을 통해 일어난다. '자, 내가 다 바로잡아놓았으니까 그만 묵상에서 깨어나서 직접 확인해 봐라'라고 말씀하지 않으신다. 비움과 만남 뒤에는 늘 할 일을 던져주신다.

요한복음에 나면서부터 앞이 안 보이는 어느 시각장애인 이야기가 나온다. 예수님은 폼 나고 멋스럽게 "너, 눈 떠!"라고 하실 수 있었음에도 그렇게 하지 않으셨다. 대신 땅에 침을 뱉더니 손으로 진흙을 이겨서 시각장애인의 눈에 발라주셨다. 좀 더러운 느낌마저 드는 거추장스러운 방법을 택하셨다. 그리고 말씀하셨다. "실로암 못에 가서 씻으라." 마지막 단추는 직접 채우라는, 끝맺음은 네 몫이라는 명확한 메시지를 주신 것이다.

"나사로야, 자리를 들고 일어나라."

"베드로야, 저 깊은 곳에 가서 그물을 내려보아라."

언제나 구체적이면서 간결하게 말씀해주신다. 그것을 행했을 때 기적이 완성된다. 실천이 들어가지 않으면 주님이 일하시는 역사가 일어나지 않는다.

묵상하는 이들이 행하고 실천하는 동사형 인간으로 성장하는 이유는 하나님의 위로와 격려를 머금기 때문이다. "실직했다고 뭘 그렇게 풀이 죽어 있어. 그거 별것 아니야. 나도 그래봤어." 보통은 위로한답시고 한마디씩 하지만 어려움을 겪고 있는 당사자 입장에서는 전혀 와 닿지 않는 얘기인 경우가 대부분이다. 고통에는 어깨를 짓누르는 것 같은 무게감이 있다. 다른 사람이 보기에는 전체 100 중에서 20 정도의 무게밖에 안 느껴질지라도, 본인은 90의 무게로 받아들일 수 있다.

"교회 가서 기도하면 되지!" 주님의 음성은 이게 아니다. 똑같은 입장에 서서 당하고 있는 고통의 무게대로 말씀해주신다. 간음하다 현장에서 잡혀 온 여자를 위해서는 "죄 없는 자가 돌로 먼저 치라"고 홀로 편이 되어주셨다. 간음한 여자가 감히 원했던 것은 너그러움과 용서였다. "나도 너를 정죄하지 아니하노니……." 예수님은 간음한 여자가 이고 있는 마음의 무거움을 비난하지 않고 읽어주셨다. 이어 격려해주며 명령하셨다. "가서 다시는 죄를 범하지 말라."

처음에는 『이기는 습관』을 보는 눈이 곱지 않았다. "또 습관이야?", "습관 책은 너무 많이 나왔어." 대형 서점 관계자들도 잘 팔릴 책은 아닌 것 같다며 별 기대를 걸지 않았다. 1년에 몇 천 권 정도밖에 안 나가는 그저 그런 책으로 보아 넘겼다.

"잠 쫓아가며 정말 열심히 썼는데 평판이 안 좋은 이유가 뭡니까? 요즘 추세에 맞지도 않고 눈에 확 띄지도 않는답니다. 제가 노력한 것의 절반도 나오지 않을 것 같습니다. 너무 실망스럽습니다."

『이기는 습관』 출간을 일주일 앞두고 있었다. 묵상을 쭉 하는데 하나님의 음성이 마음에 번지는 듯했다.

"그래서 책이 많이 팔리면 그것으로 뭘 할 건데?"

"기왕 책이 잘 나가면 안 좋겠습니까?"

"무엇 때문에 좋은데?"

"……."

이럴 때는 다른 할 말을 갖고 계신 것이 분명했다. 작은누님이 난소암 판정을 받고 몸져누워 있던 시간 전옥표 대표는 기도하다 하나님과 뜨겁게 교제했던 군대 시절 기억까지 거슬러 올라갔었다. "주님의 길을 가겠습니다." 상병 진급을 하고 군종으로 섬기면서 창창한 인생을 걸고 서원 기도를 올렸었다. 이후 오락가락했던 정신이 되돌아오고 오래 앓던 병이 낫는 등, 전옥표 대표가 기도할 때마다 사람들이 회복되고 호전되는 일들이 벌어졌다.

'주님, 우선 직장생활 하면서 안정을 꾀한 다음에요.'

'삼성 임원까지만 가면 진지하게 다시 생각해보겠습니다.'

너무 잘 풀렸다. 눈코 뜰 새 없이 바쁘게 달려오기만 했고 재정적으로도 크게 아쉬울 게 없다 보니 이렇다 할 계기를 만들지 못했다. 작은누님이 건강을 되찾는 것을 보며 뒤늦게나마 약속을 지키려 신학대학원에 진학하기로 마음을 정해놓고 있었다. 『이기는 습관』을 놓고 기도하는데 부르심, 사명 같은 말들이 떠올랐다.

"이 책을 통해 하나님의 살아계심을 간증하겠습니다."

"정말이니? 정말 나에 대해 다른 사람들 앞에서 고백하겠다는 말이니?"

"그동안 간증거리가 없었는데 이젠 간증해야 되지 않겠습니까?"

전옥표 대표는 책 첫 장을 펼치고 알파벳 에스를 휘갈겨 쓰며 부지런히 사인을 했다. 한 권 한 권 큰 봉투에 정성스레 넣고 투명 테이프로 봉한 다음 누구누구 대표님 앞이라고 주소란에 적었다. 대한민국에서 열심히 일한다고 소문난 CEO 300명에게 『이기는 습관』을 발송했다. 출판사 편집장에게도 당당하게 말했다.

"걱정하지 마십시오. 하나님이 일하십니다."

난리가 났다. 출간 2주 만에 2만 권이 나가더니 3개월 째에는 30만 부 판매를 기록했다. 저자가 직접 사인한 책은 처음 받아보았다는 CEO들의 기분 좋은 전화도 쉬지 않고 울렸다. 2007년 각 서점에서 『이기는 습관』을 올해의 책으로 선정해주었다. 다음 해 포브스 조사에서도 CEO들이 가장 많이 읽은 책 1위에 올랐다. 『이기는 습관』은 지금까지 150만 부가 넘게 팔린 초대형 베스트셀러로 자리매김했다.

"주위 분들이 '하나님은 나의 하나님도 되고 전옥표 박사의 하나님도 되는데 왜 전옥표 박사 기도만 들어주느냐?'고 우스갯말을 하곤 합니다. 저는 '들어주실 것만 간구한다'고 대꾸하지요. 묵상을 하면서 해야 될 것과 하지 말아야 될 것이 걸러지잖아요. 멀리 돌아가지 않고 지름길 같은 빠른 길로 인도함을 받는 거지요."

상상도 못한 급격한 변화였다. 『이기는 습관』이 알려지면서 수많은 곳에서 전옥표 대표에게 강의를 요청해왔다. 기업체, 관공서, 교회 등 지난 5년 간 강의 요청에 응한 횟수가 무려 1500회 가까이에 이른다. 회사 경영에 온전히 마음을 쓰지 못해 미안함을 붙들고 다닌 적이 많았다. 점점 교육과 강의로 무게중심이 쏠리는 것 같았다. 아무래도 한쪽에 집중하는 것이 옳은 듯했다. 또 한 번 방향을 트는 쪽으로 생각이 이끌렸다.

컨설팅은 유행을 심하게 타는데 곧 막막해지지 않겠느냐고 아는 분들이 말렸지만, 전옥표 대표는 전혀 개의치 않았다. 이번에는 직장을 아예 내팽개치고 맨땅에서 시작하려 한다고 우려하는 속에서도 신기할 정도로 평안이 마구 부풀어 올랐다. 예수님 역시 도전의 삶을 사셨다. 가난한 자들, 억눌린 자들, 고아와 과부 편에서 진리를 외치셨다. 돈과 권력 없이 믿음만으로 승리하시고자 모험의 길을 택하셨다.

"무릇 하나님께로부터 난 자마다 세상을 이기느니라. 세상을 이기는 승리는 이것이니 우리의 믿음이니라. 예수께서 하나님의 아들이심을 믿는 자가 아니면 세상을 이기는 자가 누구냐"(요일 5:4~5)

전옥표 대표는 2008년 늦겨울에 조그만 사무실을 열었다. 이김이 있는 경영 철학을 전수하고자 '위닝경영연구소'라고 이름을 내걸었다. 특별히 젊은이들에게 믿음으로 살면서 세상을 넉넉히 이기는 실질적인 길을 제시하고 싶은 마음이 남달랐다. 교회에서도 34년째 고등부 교사로 봉사하면서 틈나는 대로 이기는 습관과 묵상에 대해 알려주고 있다. 거기서 얻는 보람 하나만은 결코 놓치고 싶지 않다.

첫째, 비워내라. 묵상의 열정을 가지려면 하나님이 들어오실 수 있는 자리를 만들어야 한다. 탐욕, 명예욕 등 욕심을 버리는 것이다. 하나님이 여호수아에게 하신 말씀을 깊이 생각해볼 필요가 있다. "강하고 담대하라. 땅을 차지하게 하리라." 땅을 얻기 위해 우선 체력을 길러놓으라고 하지 않으셨다. 가장 먼저 마음을 강하게 하라고 당부하셨다. 세상을 좇지 않고 주님과 동행하는 자세를 말한다. 경험해보니 그 마음은 묵상을 통해 일어났다. 돈, 성공, 높은 자리를 포기하라는 말이 아니다. 초연하라는 뜻이다.

둘째, 사기는 쉽지만 팔기는 어렵다. 특히 집이 그렇다. 돈만 있다면야 어렵지 않게 내 것으로 삼을 수 있지만, 그것을 되팔기 위해서는 구매자, 이사 시기, 다른 거처 마련 등 여러 조건이 동시에 충족되어야 한다. 유명한 집회를 찾아가 좋은 말씀 듣고, 괜찮다는 신앙 서적에서 지혜를 얻기는 쉬워도, 받은 은혜를 행함으로 나타내기가 말처럼 쉽지 않다는 의미다. 그래서 편한 요건, 이기심을 자극하는 이야기에 누구나 솔깃해진다. 하지만 행해야 역사가 나타난다.

셋째, 안 하는 것이 어렵다. 잡념, 욕심은 쉽다. 일찍 일어나서 돈 많이 버는 것도 어렵지 않다. 그것을 안 하기가 굉장히 어렵다. 걱정 그만하자, 돈 추구하지 말자도 참 어렵다. 어려운 만큼 안 해야 되는 것을 안 하면 성공할 가능성이 높다. 자아성취를 이룬 사람 대부분 안 하는 것에 능숙하다. 빌 게이츠도 "나는 남들이 안 좋다고 하는 습관을 제일 먼저 바꾼다. 좋다는 습관으로 빨리 바꾸는 것이 내 강점이다"라고 말했다. 그래서 묵상을 습관으로 돌리기가 만만치 않다. 만만치 않다는 얘기는 그만큼 중요하다는 뜻이다.

"묵상하는 사람들은 평정을 깨는 사람들이라고 말하고 싶어요. '너무 많은 돈은 필요 없어', '돈이 많다고 반드시 행복한 것은 아니야', 평정을 깨는 생각이지요. 묵상이 낯선 이들은 갑자기 정리해고를 당하면 분해하며 교회에 나오지 않으려고 합니다. 하나님이 자기를 사랑하지 않는다고, 그분한테 벌 받았다고 생각해요. 하지만 깊은 묵상의 경지에 이른 사람들은 좀 가난할지언정 사명이 있어 행복하다고 말할 줄 압니다. 오해를 받아 하루아침에 퇴직하게 되어도 곧 다른 길을 여실 하나님께 감사를 올립니다. 평정을 깨뜨릴 수 있는 능력을 갖추게 되는 것입니다. 혼란스럽고 어지럽지 않으냐고요? 전혀 그렇지 않습니다. 저는 묵상을 통해 평안과 자신감이라는 큰 선물을 받았습니다."

# ▪ 말씀에 순종하는 사람을 이끄신다

■

**장애영** 하나교회 사모

"남편에게 복종하라"는 말씀이 목사의 아내, 작가, 강사의 자리로 이끌었다. 유학이라고는 경험도 못한 토종 엄마다. 자식도 외국물 한 번 먹여보지 않고 보란 듯이 키워냈다. 남편과 아내, 부모와 자식 간의 소통 질서를 바로 세우고자 하나님이 자신을 사용하고 계시다고 생각한다. 우리에게 꼭 맞는 길을 찾아보라고, 경험을 들려주라고 하시는 것 같다.

**쓴 책**『엄마의 기준이 아이의 수준을 만든다』.

*필자 주 - 장애영 사모의 인터뷰는 고백체로 썼습니다.

# 아내들이여 자기 남편에게 복종하기를 주께 하듯 하라

엡 5 : 22

아들 승호가 초등학교 5학년 때 일이예요. 추석 때 시댁에 갔다가 토란 독이 오른 저는 급히 응급실에 입원했어요. 숨이 안 쉬어지는 거예요. 오늘 죽더라도 천국에 간다는 확신은 있었어요. 그런데 이상하게도 천국에 가면 하나님께서 저를 굉장히 책망하실 것 같더라고요. 남편이 목회자가 되겠다는 소망을 갖고 있는데, 제가 5년 동안 반대만 해왔으니 업무방해죄로 처벌받을 것만 같은 거예요. 하나님이 쓰겠다고 하시는데, 인사권이 그분한테 있는데, 제가 감히 남편의 소원을 가로막고 중간에 못하게 한 거잖아요. 그래서 다급히 회개를 했어요.

남편은 한때 확장성 심근증 진단을 받았어요. 남편 나이가 겨우 서른일곱 살인데 짧게는 5년, 길어야 20년밖에 못 산다는 거예요.

심장 상태가 70대 노인과 비슷하대요. 돌연사할지도 모른다고. 한 2년간은 제가 잠을 제대로 못 잤어요. 밤만 되면 남편이 숨 쉬나 안 쉬나 남편 코에 귀 대보고 숨소리가 들려야 안심하고 다시 누웠죠. 그때 남편은 자기 인생이 정말 5년밖에 남지 않았다면 이제부터 어떻게 살아야 하는 것인지 하나님 앞에서 심사숙고했죠. 그러면서 목사가 되고 싶다는 거였어요.

이혼하자고 그랬죠. 그런 것은 결혼하기 전에 결정하는 것이지 누가 살다가 중간에 혼자 맘대로 뒤집느냐고요. 이럴 줄 알았다면 당신하고는 소개팅도 안 했다, 이건 사기 결혼에 해당된다, 빨리 그만두자며 난리를 피웠어요. 한 가지 정말 감사한 것은, 애가 안 보는 데서 격렬히 싸우고 애가 있으면 태연한 척했던 거예요. 아들이 부부 싸움 하는 모습을 못 봐서 늘 안정된 마음을 갖고 자랐거든요. 저희 부부는 서로 양보 못하는 문제가 가로막고 있으니까 자꾸 피하게 되고 갈등이 한 해 한 해 쌓여갔지만 말이죠.

그렇게 5년의 세월이 지나면서 저는 토란 독이 올라서 응급실 병상에 누워 있게 됐고요. 그 순간에 떠오른 것이 남편의 목회를 결사반대하던 저의 모습이었어요. 제가 천국 문 앞에 서서 저도 안 들어가고 남편도 못 들어가게 하고 있다는 생각이 든 거죠.

'하나님, 만약 저를 살려주시면 남편 생각이 지금도 변함없는지 한번 물어볼게요.'

이렇게 기도인지 외마디소리인지 웅얼거리며 응급실 침대에 누워 있는데 병원 자동문이 차악 열리면서 남편이 가을 햇살을 등지고 걸어 들어오는 모습이 보였어요. 그런데 남편이 마치 천국에서 걸어오고 있는 것 같더라고요. 그 아우라가 하도 강렬해서 서울로 올라오면서 말을 꺼냈죠. '숨 막히는 위급한 상황이었는데도 이상하리만큼 아이 생각은 아예 나지도 않았다. 오히려 그동안 외면했던 당신과의 문제가 선명하게 떠올랐다. 아내가 되어갖고 당신 목사 하겠다는 걸 반대한 게 얼마나 큰 죄인지 알았다. 여전히 신학 공부하고 싶으냐' 하고요.

남편은 제가 하도 펄펄 뛰면서 반대하고 부부 싸움을 하게 되니까, 정말 하나님이 부르신 것이 맞으면 아내도 아들도 같은 마음이 되게 해주시고, 그것이 아니라면 계속 직장 생활 하는 것으로 알겠다고 기도하고 있었대요. 저의 토란 독 쇼크 사건은 남편에겐 제대로 된 기도 응답인 셈이었죠.

얼마 안 있어 남편이 회사에서 보내주는 미시간 대학교의 최고경영자 과정EMBA 장학생으로 뽑혔어요. 회사에서 유학을 보내주는데 토플 시험에서 좋은 성적을 받아 기회를 잡은 거예요. 월급도 꼬박꼬박 나오고 학비도 다 대준다는 환상적인 조건이었어요. 당연히 가야죠. 게다가 우리 아들은 초등학교 2학년 때부터 조기 유학을 보내달라고 막 떼를 쓰던 중이었어요. 이보다 더 좋은 일이 또 어디 있겠어요?

그런데 마음에 평강이 안 생기고 자꾸 이런저런 걱정만 앞서더라고요. 공부 마치고 돌아와서 퇴사해도 되는지 혹시나 해서 물어봤어요. 그런데 계속 근무한다는 조건이래요. 안 그러면 돈을 물어줘야 하는 옵션이 걸린 유학길인 거예요. 회사 입장에선 지극히 당연한 거죠.

토란 사건을 겪으면서 저는 하나님이 굉장히 두려워졌어요. 조카 롯이 삼촌 아브라함보다 좋은 땅을 먼저 골랐지만 축복의 땅이 아니었잖아요. 미시간 대학교가 그렇게 느껴지더라고요. 거기로 가면 왠지 화를 당할 것만 같고…….

"네 남편 내가 좀 쓰자는데……. 네가 뭔데?"

하나님이 찡그리시는 것 같은 아주 긴박한 마음이 들었어요. 이번에는 제가 밀어붙였어요. 급하게 회사에 사표를 내게 하고 서둘러 신학대학원을 알아봤어요. 제가 방해해서 5년이나 미뤄졌으니까 서두르자고 했지요.

회사에서는 하나같이 말렸대요. IMF가 일어나기 훨씬 전이었어요. 회사도 잘되고 있고 경기도 좋은데 난데없이 무슨 신학교 가서 목사가 되느냐고, 다들 반대하고 붙잡았어요. 남편은 그때까지 회사에서 인정받는 직장인이었거든요. 그런데 특이한 일이 하나둘씩 생기기 시작했어요. 믿는 사람들도 다 반대하는데 믿지도 않는 선배 한 분이 신학교 가서 공부하려면 돈도 많이 들 텐데 책 사보라고 꽤 많은 후원금을 주셨어요. 선배가 남편에게 건넨 말도 큰 격려가 됐어요.

"내 여동생이 교회 전도사야. 동생 보니까 그게 한번 해야겠다는 생각이 들면 꼭 해야 되는 일인가 보더라."

나중에서야 알았어요. 여느 때처럼 주일 예배에서 주기도문을 외우는데 갑자기 말문이 막히는 거예요. "오늘날 우리에게 일용할 양식을 주시고……" 다음 부분부터 목이 메어서 안 넘어가더라고요. 그 짧은 순간에 왜 남편이 목사님이 되겠다는데 그렇게 목숨 걸고 반대하며 부부 싸움으로 맞서왔는지, 제 속의 꾸미지 않은 솔직한 마음을 들여다보게 된 거예요.

이 세상 대부분의 직업이 남편 일에 아내가 끼여 가는 경우가 드물잖아요. 남편이나 아내나 각자 자기 직장 일만 하면 되는 거잖아요. 그런데 목회는 아내까지 온갖 일을 해야 된다는 사실을 참을 수 없었어요. 남편이 목사가 되려고 하는 것인데, 무슨 잡지 부록도 아니고 제 의지와 상관없이 사모라는 이름으로 딸려 가는 느낌이 싫었어요. 다른 교회 사모님들은 결혼 전에 서원 기도도 하고 그랬더라고요. 헌신된 티가 철철 나요. 그분들이랑 저랑 비교해보면 말이 안 되고 곤혹스러운 거예요.

하지만 진짜 속마음은 그게 아니었어요. 제겐 일용할 양식이 문제였어요. 편히 누울 수 있는 내 집, 남편의 안정된 직장 생활, 아쉽지 않은 연봉……. 사모가 되면 그동안 누려온 것을 빼앗길까 봐 두려웠던 거예요. 겨우 먹고사는 일 때문에 그랬다는 게 가슴 아팠어요. 그런 사람이 교회에서 구역장에다가 일대일 양육까지 맡고 있었네요. 믿음 강한 척 연기해온 제 자신이 그렇게 미울 수가 없더라고요. 자질이 부족하고 모자라도 이만저만 모자란 게 아니라고 생각했어요.

결국 일용할 양식도 안 주시는 하나님으로 믿던 저를 철저히 반성하고 회개했어요. 미국 유학길이 보너스로 주어진 남편의 직장생활을 미련 없이 그만두도록 하는 데 가족 모두 동의했어요. 그리고 남편은 신학교에 갔답니다.

회사를 정리한 남편은 저더러 생활비를 벌어보라고 했어요. 한때는 제가 잡지사 기자였거든요. 아들이 미숙아로 태어나 심하게 병치레를 하는 바람에 중단했지만, 간혹 원고 다듬는 일이 들어왔거든요. 일이 뜸해 심심할 것 같으면 대학교 동창이 갑작스럽게 전화해서 일을 건넸어요. 곧 출산휴가에 들어가는데 대신 자리를 지켜달래요. 중학교 과학 교사로 한 학기를 근무했죠. 또 가만히 있는데 아는 사람이 자기 자식 과외를 부탁해 와요. 남의 애는 제 옆에서 공부하고 있는데 내 자식은 한쪽에서 텔레비전 보고 놀고 있는 거예요. 이건 아니다 싶어 접었지만, 그런 식으로 일이 계속 생겼어요.

그때 제가 생각하기를, '아내가 책임지겠다고 선불리 나서면 남편이 무기력해지고 무능해지던데……'. 거절했어요. 당신이 한 끼 주면 한 끼만 먹고 지낼 거라고. 더군다나 목사의 아내가 될 건데 하나님이 챙겨주시지 않겠느냐고요. 무조건 당신이 먹여 살리라고, 나보고 돈 벌라고 하지 말라고 선을 그었죠. 걱정을 거둬들이기로 작정했던 거죠. 그러고서 남편은 신학을 시작했어요.

승호는 회사 안 나가고 집에 있는 아빠가 아주 많이 부러웠나 봐요. 잘 다니던 중학교를 자퇴하겠다고 들고일어났어요. 아빠가 회사를 그만둘 것이라고는 단 한 번도 생각해보지 않았는데 하루아침에 현실이 되어버린 것이죠. 자기한테는 학교가 직장이나 다름없으니까 자기도 관둘 수 있겠다고 생각한 게죠.

애초에 승호가 바랐던 것은 조기 유학이었어요. 초등학교 2학년 때 어느 유학생 수기를 읽더니 유학에 꽂혀서 미국에 보내달라고 조르더라고요. 막무가내였어요. 유학원에 가서 알아보니 해마다 드는 비용이 최소 5000만 원에서 7000만 원이래요. 대기업 부장급 연봉이에요. 합리적으로 따져봤어요. 이건 제정신이 아니다 싶었죠. 월급 이외의 돈을 쟁여놓고 쓰는 집에서는 합당할지 몰라도, 월급만으로 생활하는 저희 형편에서는 어려웠어요.

"아빠 연봉이 어느 정도인지 알지? 아빠는 할아버지가 목사님이셔서 넉넉지 않게 자랐고 여태껏 자수성가해오셨어. 엄마 결혼반지도 아빠가 자기 통장 털어서 해주셨어. 아빠가 힘들여 번 돈을 너 혼자 다 쓰는 것이 옳다고 생각하니?"

엄마 말을 들은 승호가 그건 아니래요. 대학생이 되면 유학 갈 수 있는 길이 있으니까 그때 가서 고민하는 게 좋겠다고, 엄마 아빠는 지금 최선을 다하고 있는 것이라고 알아듣게 설명해줬어요. 그리고 당시 조기 유학은 불법이었어요. 편법을 써야 갈 수 있었어요. 한동안 잠잠한 듯했는데, 승호에게는 계속 현재진행형이었나 봐요.

아빠 회사에서 유학길이 열린 건 그로부터 3년 후였어요. 한번 잠재워놓은 아이의 마음에 다시 유학의 꿈을 준다는 것도 문제고, 토란 독 쇼크 사건으로 하나님이 저희 가정을 향해 무언가 급박하게 말씀하신다는 생각 때문에 아이에게는 아예 말을 안 했어요. 회사에서 보내주려던 아빠의 유학에 관해 오래도록 비밀로 했던 일은 하나님이 주신 지혜였어요. 평범한 일상이 오히려 초등학교 생활을 충실히 한 계기가 됐거든요.

승호가 6학년이 되자 아빠는 신학생이 됐고, 유학은 이제 글렀다고 생각됐는지 목회자 가정이 되면 가난해지는 것이냐고 묻더라고요. 애들은 굉장히 현실적이고 이기적이에요. 의외로 어른처럼 구는 면이 있어요. 하루 세 끼 먹고 사는 것은 똑같지만 고기반찬을 채소로 바꿔야 한다고 말해줬어요. 피부로 느껴보라고 일부러 고기반찬 빼고 밥을 차려줬고요. 전 세계 전도사님 식단 중에서는 제일 괜찮을 것이라고 과장도 좀 보탰어요. 한창 예민한 시기였는데 다행히 반항하거나 비뚤게 나가는 일은 없었어요.

중학교 2학년 겨울 무렵이었을 거예요. 승호가 신문에 실린 수능시험 문제를 재미 삼아 쓱쓱 풀어봤는데 언어 영역에서 120점 만점에 80점이 나온 거예요. 많이 놀랐지요. 이 정도면 혼자 공부해서

빨리 대학교에 가는 게 훨씬 나을 것 같았대요. 핸드폰 때문이라는 말도 있어요. 자기만 없다고 투정을 부리기에 중학생이 무슨 핸드폰이 필요하냐고 대학교 들어가면 사주겠다고 했거든요.

어찌 됐건 본인도 왜 자퇴를 결심했는지 정확히 기억나지 않는다고 하네요. 똑 부러지는 이유가 뭐였는지 잘 모르겠대요. 그렇게 저희 가족의 범상치 않은 일상이 시작돼요.

아침밥을 짓다가 창밖 너머를 보면 양복 차림으로 바삐 출근하는 아저씨들, 삼삼오오 무리 지어 등교하는 교복 입은 학생들이 눈에 밟혀요. 눈물이 그렁그렁 맺히는 건 순식간이에요. 두 남자가 모두 집에 있는데 솔직히 앞날이 캄캄했어요. 사표 낸 남편하고 자퇴서 낸 아들이 때만 되면 밥 달라고 하니까 속이 부글부글 끓었어요. 방학이 되면 점심도 해 먹여야지, 뒤치다꺼리 해야지, 엄마들이 귀찮아지잖아요. 이건 개학이 없는 방학이나 마찬가지예요. 두 사람이 어떻게 될지 아무도 몰라요. 장담을 못하는 거예요.

그런데 속을 끓이고 있으면 외워뒀던 로마서 말씀이 자꾸 떠올랐어요.

“네 원수가 주리거든 먹이고 목마르거든 마시게 하라”(롬 12:20)는 구절이 맴도는 거예요. 원수처럼 여기고 있는 사람이 있나 기도하면서 살폈더니 배고프다고 보채는 남편과 아들 얼굴이 떡하니 보이는 거 있죠. 그 정도로 제 마음가짐이 고분고분하지 않았어요.

저는 30대에 예수님을 구주로 받아들였어요. 스무 살 지나서 교회에 다니기 시작했지만 제대로 믿었다고 말하기가 부끄러워요. 묵상의 의미를 알게 된 것도 30대 중반이에요. 신문을 읽는다고 하지 신문을 묵상한다는 표현은 쓰지 않잖아요. 읽는 행위와 묵상하는 행위는 분명 달라요. 저에게 묵상은 상황 상황마다 말씀을 음미하면서 말씀이 하라는 대로 행하는 거예요.

신명기 6장 5절, "너는 마음을 다하고 뜻을 다하고 힘을 다하여 네 하나님 여호와를 사랑하라"는 구절이 전혀 소화가 안된 적이 있어요. 마음을 다한다는 것이 어떤 뜻인지 알고 싶은데 눈을 감고 골똘히 생각해봐도 속에 얹힌 것처럼 답답하기만 했어요. 가뜩 궁금하던 차에 요한일서 5장 3절을 만났죠. "하나님을 사랑하는 것은 이것이니 우리가 그의 계명들을 지키는 것이라 그의 계명들은 무거운 것이 아니로다"라는 말씀이었어요. 하나님을 사랑하는 것은 다른 게 아니라 계명들을 지켜가는 것이래요. 그분의 계명은 짓누르듯 무겁거나 부담되는 게 절대 아니래요. 확 이해가 됐어요.

'이럴 땐 어떻게 해야 하지?', '성경에 뭐라고 나왔더라?' 말씀을 인식하고 그 말씀에 빗대어 삶을 바꿔보려 의도적으로 행하고 연습하는 게 묵상이잖아요. 10년, 15년 꾸준하게 말씀을 실생활에 적용하다 보면 멈춰 서서 고민하지 않고 크게 힘들이지 않고도 하나님의 뜻을 따르게 되고요.

그리고 어두컴컴한 밤에 길을 나섰다고 생각해 봐요. 거친 산을 넘어야 하는데 처음 가보는 길이에요. 안내하는 사람이 행여 넘어지지 말라고 등불을 들고 제 발등을 비춰줘요. 기껏해야 두세 발짝 앞만 보여요. 시편에도 "주의 말씀은 내 발에 등이요 내 길에 빛이라"는 말씀이 쓰여 있잖아요.

대개는 서치라이트로 쭉 비춰서 단번에 하나님의 뜻을 파악하고 싶어 하잖아요. 하나님은 그렇게는 안 하시더라고요. 저는 한 발자국 한 발자국 따라가는 것이 묵상이라고 생각해요. 이런 식으로 묵상이 무엇인지를 정리했더니 말씀이 이해되지 않거나 처한 상황이 납득되지 않는 갑갑함이 없어졌어요.

아무튼 원수를 먹이라고 해서 눈 딱 감고 부엌을 저의 순교지로 정했어요. 아무도 알아주지 않고 누구 하나 찾지도 않는 두 사람에게 밥을 지어주다가 천국에 가겠다고 작정한 거예요. 목마르다고 하면 물 떠주고 출출할 것 같으면 군것질거리 챙겨주고, 달라는 대로 처절하게 내줬어요. 이 한 구절을 지키는 것이 정말 순교를 방불케 하더라고요. 위장병에 시달려서 병원에도 오래 다녔어요.

두 남자는 제 속이 타들어가는 걸 아는지 모르는지 마냥 흐뭇해했어요. 만화책 보다가 재미있다고 자기들끼리 낄낄대며 웃어요. 방 안이며 거실이 완전히 쉴 만한 푸른 초장이에요. 풀밭 위에서 더없이 행복하게 뒹굴고 있는 양들처럼 보였어요. 좋은 시간을 보내고 있는데 훼방 놓기도 뭐하고, 약 오른다고 괜히 신경질을 낼 수도 없고…….

존 보울비John Bowlby가 세운 애착 이론이라는 것이 있어요. 영국 정신과 의사인데요, 엄마랑 온종일 붙어 있어도 여전히 엄마가 고픈 애가 있는가 하면, 어떤 애는 조금만 돌봐줘도 정서가 풍성해져서 세상을 향해 혼자 뚜벅뚜벅 걸어간대요. 애들마다 다르거든요.

하나님이 한 사람 한 사람 독특하게 창조하셨는데, 한 가지 지식이나 원리만 가지고 모조리 껴 맞추려고 하면 꼭 들어맞는 아이는 모범생이 되고 나머지는 죄다 문제아로 보이는 거죠. 휴대폰 충전할 때 쓰는 연결 잭도 회사마다 다르잖아요. 전에 무식하게 아무거나 막 끼워 넣다가 고장 낸 적이 있어요. 뭐가 맞는 것인지 몰라서요.

제가 어리석었어요. 싫은 내색 안 하고, 화가 나는 거 꾹 참고 챙겨준 것뿐인데, 남편하고 아들은 집안이 훨씬 편안하게 느껴졌대요. 충분히 안정감을 누린 다음엔 어땠겠어요? 왜 일을 하고 싶지 않고, 왜 공부하고픈 욕구가 들지 않겠어요? 집중력이야 당연히 생기죠.

"최승호 씨 댁 맞죠? 축하드립니다. 제48회 사법시험에 합격하셨습니다. 최연소 합격입니다."

승호는 너무 오래 앉아 다리가 온통 땀띠로 뒤덮일 정도로 공부에 몰입하더라고요. 봄에 고입 검정고시에 붙고 여름에 고졸 검정고시에 합격하더니 같은 해 가을 대입수능시험까지 무난히 치렀어요. 고등학교 들어갈 나이에 캠퍼스를 휘젓고 다니고 신났죠. 그리고 법조인의 길에 뜻이 있었는지 3학년 올라가기 하루 전 휴학계를 내고 사법고시 준비에 들어갔어요. 거의 4년 만이었어요. 2006년 11월 마지막 날, 아들이 사법고시에 합격했다는 꿈 같은 소식을 들었죠. 스물두 살, 그해 합격자 중에서 가장 어렸어요.

언제부터인지 저는 마음이 힘겨워지려고 하면 시편 23편을 떠올려요. 원수의 목전에서 상을 차려주신다는 구절이 친숙하잖아요. 알고 봤더니 대상, 금상 같은 상이 아니라 밥숟가락을 얹은 밥상이래요. 전라도 전주에 가면 상다리 부러질 것 같은 푸짐한 한정식이 나오잖아요. 그런 밥상을 차려준다고 생각해 봐요. 얼마나 기뻐요. 억울한 일이 생기면 하나님한테 쫑알쫑알 일러바치는 거죠. 그러면 씩씩거리던 마음이 조금씩 풀리면서 느슨해져요.

2008년 초에 나온 『엄마의 기준이 아이의 수준을 만든다』는 책은 쓰려고 계획해놓은 게 아니었어요. 승호가 최연소로 사법고시에 합격했다는 소문이 삽시간에 퍼지더니 물밀듯이 인터뷰 요청이 들어왔어요. 남편과 승호가 CBS 프로그램 〈새롭게 하소서〉에 출연했는데 방송을 본 한 작가가 아는 친구에게 얘기하고 그 친구가 자기가 일하는 출판사 편집장에게 말했대요. "그 집 교육 방식이 어땠는지 만나서 듣고 오라" 해서 저한테 연락이 온 거예요.

단행본을 내보자고 하는데 '그걸 어떻게 쓰나?' 부담감만 곱씹었어요. 말만 해주면 되는 인터뷰도 아니고 못하겠다고 그랬죠. 책

쓸 능력이 안 된다고. 그런데 옆에서 승호가 "엄마, 옛날에 기자였잖아!"라고 한마디 거든 거예요. 출판사는 기회를 놓칠세라 사모님은 하실 수 있다고 꽉 붙잡은 것이고요. 그 자리에서 계약서를 들이밀던걸요.

'그래, 이 책을 아무도 안 찾아준다고 해도 적어도 미래의 며느리 될 사람 한 명은 읽어주겠지.'

무조건 썼어요. 제 며느리, 만나본 적도 없고 알지도 못하는 애를 날마다 컴퓨터 앞에 불러다 앉혀놓고 걔한테 얘기하면서 쓴 거예요. '넌 이렇게 해라!' 하는 투가 아니라, "난 이렇게 했단다", "이때는 믿음이 없어서 고생했었어", "아, 승호가 돌 때는 말야……"라고 수다 떨듯이요.

한 글자도 못 쓰고 몇 날 며칠을 보낸 적도 많았고, 글과 씨름하는 게 너무 힘들어서 '나 안 할래!' 포기하고 싶은 적도 여러 번 있었어요. 글은 항상 명확한 것을 요구해요. 생각이 제대로 정리되어 있지 않으면 진도가 안 나가요. 명쾌한 답이 없는 상태에서는 한 단락도 넘기질 못하겠더라고요.

그러던 제가 책을 쓰면서 성경 기자들이 경험했을 법한 감동을 받은 거예요. 교회에 다녀보기로 맘먹고 처음 성경을 접했을 땐 성경이 하나님의 감동으로 쓰였다는 사실이 믿기질 않았어요. '사람이 썼는데……. 자기네들이 쓰고 싶어서 썼겠지.' 혼자 속으로 비웃었어요. 거의 문서 비평 수준으로 옳고 그름을 따져가며 보기도 했어요. 창조 이야기도 사실이 아니라 창조 설화, 창조 신화로 이해했고요. 단군 신화 대하듯이요.

저는 대학교 3학년 무렵 예수님을 믿었어요. 당시 친정아버지가 한창 일할 마흔다섯 살에 위암으로 돌아가셨어요. 병원 복도에 떨어진 전도지 한 장을 어머니가 보시고는, "여기에 좋은 말들이 너무 많은데 왜 나한테 교회 가자는 사람은 한 명도 없는 거냐? 여긴 어떤 사람이 가는 데냐?" 이렇게 물으신 거예요.

교회 다니시는 작은어머니가 목사님께 부탁해서 심방을 오셨죠. 아버지는 병상에서 예수님을 영접했어요. 그리고 꼭 한 달을 더 사시다가 천국에 가셨죠. 장례 예배가 제가 드린 첫 예배예요. 한동안 하나님한테 삐쳤었어요. 응답하신다는 것을 믿을 수가 없었거든요. 처음 드린 기도가 이뤄지지 않았기 때문에…….

여하튼 글을 쓰는 동안 하나님은 우리가 알아들을 때까지 답답해도 꾸짖지 않고 말씀해주신다는 것을 새삼 깨달았어요. 목사님 설교를 통해서 혹은 기도 중에 순간적으로, 큐티하는 사이 덤덤하게, 소소한 일상을 이용해서 궁금해하는 것마다 여러 갈래로 답을 주셨어요. '성경 기자에게 성령님이 이렇게 말씀하셨겠구나' 온몸으로 느껴지는 거예요.

"너희 중에 누구든지 지혜가 부족하거든 모든 사람에게 후히 주시고 꾸짖지 아니하시는 하나님께 구하라. 그리하면 주시리라"(약 1 : 5)는 말씀을 실감하면서 7개월 만에 초고를 완성했어요. 어떻게 이어

가야 할지 몰라 길을 잃었을 때는 막 불러주시는 것처럼 꿈에서 다음 문장이 떠올라 급하게 일어나서 쓴 적도 있었고요.

원래는 240쪽으로 계약했는데 쓰다 보니까 초고가 500쪽이 넘었어요. 반복된 말도 많고 주제에서 벗어난 얘기도 있고 해서 심하다 싶을 정도로 가지치기를 했는데도 360쪽 아래로는 줄지 않더라고요. 출판사에는 "나는 여한이 없으니까 필요한 대로 아무 데나 잘라서 내라"고 말했어요. 제 평생에 책은 이번 딱 한 번뿐이라고 생각했거든요.

감사하게도 애초 분량의 반이나 더 붙은 원고를 더는 줄이지 않고 출간하겠다고 하더라고요. 그러더니 잘라낸 원고도 활용해 보고 싶다는 거예요. 기도문도 있고 여러 가지가 들어 있었어요. 일주일 만에 정리해서 넘겼더니 첫 책 출간 보름 뒤에 워크북으로 내준 거예요.

출판사에서는 책 제목 위에 '장애영 사모의 주교양 양육법'이라는 소제목을 붙여줬어요. 제가 대학교 졸업하고 몇 년 지나지 않아 결혼했잖아요. 설익은 그리스도인이 아이 양육까지 맡았으니 우왕좌왕했겠죠. 신앙으로 키워야 된다는 것은 알겠는데 어찌할 바를 몰랐던 거죠.

승호가 다섯 살 때였어요. 유리에 긁혀 다리를 심하게 찢겼는데 허벅지 뼈가 허옇게 보일 정도였어요. 그때도 추석이었네요. 전신

마취 수술을 해야 한대요. 그런데 다친 다리는 오른쪽인데 실수로 왼쪽을 해버렸잖아요. 주위 분들은 당장 고소하라고 소리 지르고 난리도 아니었어요. 저도 하나님한테 기도한다고 나름 울부짖는데 마음에 큰 울림이 있었어요.

"뭘 그런 걸 가지고 그러냐. 오른쪽하고 왼쪽이 바뀌었기로서니 그렇게 억울해할 게 아닌 것 같은데. 의사는 이번에 한 번 그랬지만 너는 만날 그 모양이잖아."

하나님이 단단히 벼르신 것 같았어요. 말씀을 기준으로 산다고 해놓고선 하나님이 오른쪽으로 가라고 하면 왼쪽으로 가고, 왼쪽으로 가라고 하면 오른쪽으로 가고 제 입맛에 좋은 대로만 살아왔던 거예요. 제가 그때 거꾸러졌어요. 눈물 콧물 흘리며 회개했어요. 말하자면 고장 난 컴퓨터였던 거였지요. 명령을 내려도 오작동하는……. 그 사건 이후로 말씀을 삶의 기준으로 붙들었어요. 승호도 하나님의 기준으로 키우기로, 성경을 자녀 양육서로 택하기로 마음먹었고요.

저희 가족의 주제 말씀이 신명기 8장이에요. 소와 양이 늘어나고 금은이 넘쳐나게 될 텐데 혹시 네가 네 손으로 구했다고 할까 봐 심히 염려스럽다고 하시잖아요. 그러니까 여호와 하나님을 기억하라고. 왜 너를 낮추고 굶게 했는지 생각해 보라고 질문을 던지시고요. 집집마다 죄의 전공이 달라요. 저하고 승호는 얼마나 교활한지 몰라요. 거짓말도 정말 교묘하게 할 수 있어요. 열심히 머리 쓰고 있다는 걸 서로 알아요. 아주 교활의 끝을 달려요.

저희 집에서는 '생활 큐티'라고 부르는데요, 가족 전체가 한 가지 말씀만 계속 암송하면서 그 말씀을 갖고 연습하는 거예요. 체질이 바뀌고 습관으로 완전히 자리 잡을 때까지요. 그러려면 보통 수 년이 걸려요.

"네 하나님 여호와의 명령을 지켜 그의 길을 따라가며" 같은 구절을 계속 묵상하다 보면 순종하는 능력이 생겨서 주일학교에서 들은 부모를 공경하라는 말이 뭔지도 알게 되고 원수를 사랑하라는 뜻도 이해하게 돼요. 결국 하나님을 사랑하고 이웃을 사랑하라는 새 계명과 연결되더라고요. 다 같은 뜻이라니까요. 반복되는 메시지인데 상황을 다르게 해서 설명하신 거예요.

그러다가 제가 "아내들이여, 자기 남편에게 복종하기를 주께 하듯 하라"(엡 5:22)는 말씀에서 또 무너졌잖아요. 요즘 우리나라에서 그렇게 사는 아내들이 몇이나 있겠어요. 대한민국 여성들은 목소리가 무지 커요. 내가 번 돈은 당연히 내 돈이고 남편이 번 돈도 내 돈이어야 하고, 집에서는 아내가 곧 법이잖아요. 남편이 용돈 타 가는데 조금이라도 불량한 게 보이면 다들 난리가 날걸요. 그런데 수정액으로 지워야 마땅하고 볼펜으로 후벼 파내야 하는 말씀이 왜 써 있냐는 거죠.

성경에 나와 있으니까 하는 척이라도 해봤어요. 지혜가 있어서 지킨 것이 아니었어요. 남편이 잘못 인도했는데 주께 하듯 순종하다 제 인생이 망가지면 항의할 명분이 있는 거죠. 하나님이 하라고 그래서 그렇게 하고 있으니까 책임지시라고 어디 두고 보자는 식으로 지킨 것이었어요. 교통질서 지키듯이.

계속해서 읽어보니까 "자기 아내 사랑하기를 그리스도께서 교회를 사랑하시고 그 교회를 위하여 자신을 주심같이 하라"고 나와 있어요. 남편은 아내를 위해서 순교해야 하는 것이더라고요. 예수님이 십자가에서 돌아가셨잖아요. 남편이 저보다 짊어져야 될 짐이 많은 것 같아 일단 순종했던 거였어요.

15년쯤 지나서 그 말씀이 왜 쓰여 있는지를 깨달았어요. 뜻도 모르고 15년이나 지킨다고 지켜온 거예요. 아무리 착한 아이더라도 사춘기가 되면 엄마 말을 흘려듣기 시작해요. 하나님이 그때를 대비해 남겨둔 권위가 있는데 바로 아버지예요. 아버지가 나설 차례가 된 것이죠. 물론 그 전에도 돕지만 이제 아버지가 주체가 되는 거예요. 엄마가 아빠를 높여드리고 주께 하듯 순종해왔다면 하나님의 역할을 대신해줄 아버지의 자리가 생기거든요.

구약에서 이삭이 모리아 산에 올랐을 때 아버지 아브라함은 100세를 넘긴 할아버지였어요. 남자아이가 얼마나 힘이 세요. 아버지를 밀쳐낼 수 있었을 텐데 왜 도망가지 않았을까 궁금했어요. 어머니 사라가 남편을 '주'라고 부르며 순종하는 모습을 계속 보며 자랐기 때문이죠. 순종이 조기 교육된 아이였던 거지요.

성경을 큰 줄기로 헤아려 보면 하나님이 원하시는 것은 첫째도 순종, 둘째도 순종, 마지막도 순종이더라고요. 하나님이 찾으시는 사람은 순종하는 사람인데 일상생활에서 순종하는 모습을 봐야 순종을 하죠. 남자들이 입대하면 제일 먼저 훈련소로 들어가잖아요. 거기서 조교들 시범을 따라 하면서 이것저것 익히잖아요. 총기 다루는 것도 배우고요. 나중에 하나님이 맘껏 사용하시도록 엄마 아빠를 훈련 조교로 세우셨다는 것을 깨닫게 된 거예요.

순종은 우리에게 여러 가지로 유익이 돼요. 남편이 해외 주재원으로 나가서 3년 간 따로 산 적이 있었어요. 승호가 어릴 때였어요. 주께 하듯 무얼 할까 고민하다가 기도하듯 매일 남편에게 편지를 썼어요. 승호가 커가는 얘기, 제 신앙 얘기……. 아직까지 보관하고 있는데 수북하게 한 아름이에요. 소상히 써놓은 내용이 책을 쓸 때 훌륭한 자료가 되더라고요.

책 표지도 원래는 지금과 달랐어요. 인쇄 들어가기 며칠 앞두고 연락이 왔어요. 아무래도 사모님 얼굴이 나갔으면 좋겠다는 거예요. 무슨 소리냐고 티 안 나게 짜증을 냈어요. 글도 겨우 썼는데 자랑할 게 뭐가 있다고 사진까지 내요. 얼굴 팔리고 여러 사람 앞에 드러나는 걸 굉장히 싫어하거든요. 책 중간 중간에 들어갈 사진은 꼭 필요하다고 꾀는 바람에 못 이기는 척 허락했어요.

저희 교회가 지하 1층 지상 5층의 자그마한 건물인데요, 저희가 4층에 살아요. 교회 리모델링할 때 교회 관리도 해야 하고 아무래도 교회 안에 사는 게 좋겠다는 남편의 말에 순종해서 이사 왔거든요. 그런데 인테리어 일하시는 집사님 한 분이 포인트 벽지 샘플이 한 장 남은 게 있는데 붙여보고 싶다고 해서 좋으실 대로 하라고 했어요. 저희 집에 오신 사진작가 분이 그렇게 붙여놓은 벽지를 유심히 보더니 "여기 서랍장 좀 치워볼까요?" 하면서 앉아보라는 거예요. 책 표지 바탕까지 예비하시는 놀라우신 하나님을 만난 순간이에요.

청바지랑 흰 티 입고 오라고 해서 정신없이 갈아입고 앉은 거예요. 남편은 공사 현장 감독으로 돌아다니다가 갑자기 불려서 부랴부랴 무슨 운동회 때 입었던 것을 찾아서 입고요. 스튜디오 세트 같죠? 그렇게 얼떨결에 찍은 사진이 책 표지가 됐어요.

책이 서점에 깔리기 시작하자 예민해져서 잠을 제대로 못 잤어요. 표지에 얼굴 나온 것 때문에요. 대상포진에 걸려서 퇴원한 다음 날인가 찍어서 얼굴도 팅팅 부어서 나왔어요. 승호도 사법연수원 생활로 고생하고 두 주간의 피 말리는 연수원 기말시험을 마친 직후라 컨디션이 최악이었어요. 절대 해서는 안 되는 끔찍한 일을 저지른 것만 같아 눈물까지 흐르더군요.

그러기에 내가 안 쓴다고 하지 않았느냐, 왜 이런 일 하라고 하서 맘고생시키느냐고 괜히 옆에 있는 남편까지 못살게 굴고요. 제가 약간 편집증이 있거든요. 옛날에 출판사에서 일한 적이 있는데, 초반에 글자 크기만 한 조그만 사람이 돼서 책 속에 들어가서 오자를 막 파내는 꿈도 꾸고 그랬다니까요.

저는 환상에 잠기거나 하는 그런 사람이 아니에요. 워낙 이성적이라 뭣 모르고 넘어가든가 그냥 무시하든가 해요. 그런데 3층 본당에서 새벽 기도를 하는데 성부, 성자, 성령 세 분이 『엄마의 기준이 아이의 수준을 만든다』를 가운데 펼쳐놓고 껄껄껄 웃으시는 모습을 한 주 내리 본 거예요.

남편과 승호가 만화책 보며 노는 걸 제가 썼잖아요. 그 장면이 있는 페이지였어요. 재밌으셨는지 기특했는지 정말 화기애애한 분위기였어요. 하나님이 이렇게 기뻐하고 좋아하시는데 어떻게 저만 싫다고 버티고 있겠어요.

사실 몇몇 분에게 원고를 미리 보여주고 피드백을 부탁했는데 다들 혹평을 했어요. 요는 주부답게 간증에 충실해야지 사이사이에 학문적 이론을 왜 집어넣었냐는 거예요. 간증문 치곤 전문 지식이 너무 많이 들어갔고 이론서라고 하기에는 한참 못 미치고. 평신도가 주제넘게 학자처럼 쓴 게 어울리지 않는다는 거였어요.

이런 패턴의 책이 그동안 없었어요. 학자가 쓴 글, 주부가 쓴 글이 딱딱 구분되어 있죠. 지인들 반응이 신통치 않아서 '아, 내용이 별로인가 보다' 하고 가슴 졸이고 있는데, 하나님이 "아니다. 내가 기쁘다!" 그러신 거잖아요. 마음의 안정을 찾았죠. 큰 위로를 받았어요. 불과 일주일 사이에 일어난 일이에요.

"우리 교회 부흥되라고 주신 선물인 것 같은데!"

남편의 말이었어요. 책 한 권 나왔다고 갑자기 불려 가서 간증하고 바쁘게 강의하고 다니게 되는 경우가 별로 없거든요. 표지 때문에 놀란 가슴을 간신히 추스르고 있는데 메일을 열면 모르는 교회에서 보낸 편지가 한 뼘 높이로 쌓여 있어요. "와서 간증해 달라", "강의 한 꼭지 부탁한다". 전화벨도 무섭게 울리더라고요.

부담도 되고 강사로서의 정체성도 없어서 응해야 하나 말아야 하나 한바탕 헤매고 있는데, 남편이 힘들어도 나가보래요. 하나님이 마련하신 것 같다고요. 지금도 그렇지만 목사의 아내로 목회를 돕고 성도들을 돌보는 일이 제겐 제일 중요해요. 교회 사역에 지장을 주지 않는 선에서 외부 활동을 하기로 했지요.

우리 부부가 품지 못할 사람이 없을 것 같다는 생각을 자주 했어요. 남편은 수 대에 걸쳐 믿음을 물려받았어요. 대를 이은 복을 누리며 성장한 전형적인 케이스예요. 모태 신앙의 문제점도 속속들이 압니다. 본인 얘기니까요. 부단히 노력하는데도 일이 이렇게 느릿느릿 풀리는 경우는 목회가 처음이래요. 늘 모범생으로 승승장구하던 남편 인생에서 지금이 제일 암흑기인지도 몰라요.

저는 하나님을 모르는 가정에서 태어나서 주일학교 한 번 나가보지 않고 자랐잖아요. 완전 초신자의 마인드를 너무 잘 알지요. 그래서인지 우리 교회에는 다른 교회 다니다가 수평 이동해 오신 분들이 거의 없어요. 젊은 임산부들이 더러 모이고 교회랑 담 쌓고 지내다 처음 나온 오합지졸이 많아요. 교회 용어, 전혀 몰라요. "일요일에 교회 개업 언제해요?", "성경에는 왜 자꾸 양을 먹이라고 해요? 사람을 먹여야지?"라고 묻는다니까요.

여전도회, 어머니 기도회 등 사모로서 얼굴 내밀어야 할 모임이 한두 군데가 아니잖아요. 교회 개척에 발 벗고 나선 뒤로 제 결핍된 부분이 멋진 방법으로 채워졌어요. 전 모성이 부족했어요. 승호가 미숙아로 태어나서 핏덩이 같은 아기를 안고 병원을 숱하게 드나들었잖아요. 너무 제 발목을 잡는 것 같아서 다른 아기랑 몰래 바꿔치기하고 싶은 엄마의 마음도 이해가 가더라고요. 정말 책임감 하나로 키웠어요. '모성이란 것이 존재하긴 한 건가? 남자들이 여자들에게 족쇄를 채우려고 만들어낸 말이 아닐까?' 지극히 당연한 것에 의심을 가졌으니까요.

전 언니, 여동생도 없어요. 남동생들 상대로 우격다짐 벌이면서 컸어요. 여자애들과도 어울리기 싫었어요. 어제까지 분명 친했는데 학교 가니까 갑자기 삐쳐서 말을 안 해요. 왜 삐쳤냐고 물어보면 안 삐쳤대요. 말을 하라고 하면 또 안 하고. 왜 그런지 더 이상 알고 싶지도 않고. 그래서 제가 여자 대학교에 안 갔잖아요. 그에 반해 남자애들은 공을 갖고 놀면 아무리 친해도 봐주고 이런 게 없어서 좋더라고요. 점수를 내야 하니까. 그런데 여자애들은 너는 내 친구니까 넘어가주고 나도 네 친구니까 맞히면 안 되고. 없던 룰이 즉흥적으로 생겨요. 여자애들한테 저는 이상한 친구인 거죠. 제가 보면 그 친구들이 일관성이 없고 겉 다르고 속 다른 말이 안 통하는 애들인 거고요.

2003년 대학원에 들어갈 때 일부러 여자 대학교를 골랐어요. 신학도 신학이지만 여자 공부를 좀 해야 되겠더라고요. 여자들이랑 노는 법도 익히고요. 딸 같은 애들을 관찰하는 게 무지 재밌었어요. 여자들은 어법이 똑같아요. 이를 테면 "커피 마실래요?" 물어봐서 "괜찮아요"라고 대답하면 저는 "안 드신다고요. 알았어요" 하고 안 줬거든요. 그게 아니더라고요. "됐어요"라고 사양해도 달라는 말로 알아듣고 내줘야 되는 거였어요.

교회에서도 여성도들이 이해되기 시작했어요. 이제는 여자들과 함께하는 시간이 불편하지 않아요. 원 없이 만나도 또 어울리고 싶고요. 하나님이 일관되게 저를 인도해오신 것 같아요. 사역을 하려면 여자의 마음을 읽어야 하잖아요. 교육에 대해 뭔가를 말할 때도 마찬가지죠. 여자들과의 미숙한 관계가 그나마 나아져서 책도 쓸 수 있었다고 생각해요.

제가 경험한 성령님은 소심한 트리플 A형 시어머니예요. 혈액형이 A형인 사람이 소심한 편이잖아요. 그런데 트리플 A형에 극소심이에요. 시어머니와 살림을 합치기로 했다고 쳐봐요. 며느리가 방에서 나오시지 말라고, 부를 때만 나오시라고 일러뒀어요. 그런데 하루는 며느리가 혼자 김치를 담그고 있기에 시어머니가 조용히 나와서 "얘, 그건 이렇게 해야 맛이 나는데" 하고 짧게 참견했어요. 며느리가 가만히 있나요? "요새는 그렇게 안 해요. 나오시지 말랬는데 왜 나오셔가지고 그래요!" 하고 쏘아붙이죠. 그 뒤로 시어머니는 너무 소심해서 밖으로 못 나오시는 거예요. 성령이 소멸되는 거지요.

성령님은 인격적이시라 내가 마음을 연 만큼만 다가오세요. "어머, 그래요?" 하고 말씀해주신 대로 따라 하면 또 다른 지혜로 다가오셔서 다음 걸음을 간섭하시죠. 외로워서 투정 부리시거나, 하는 짓이 맘에 안 들고 괘씸해 찔러대시는 것 같지만 그렇지 않아요. 그 분은 저희를 이끄시는 선한 목자가 되시니까요.

1980년대 초반만 해도 남편에게 순종하라는 설교를 심심치 않게 들을 수 있었어요. 요즘은 그런 설교를 못해요. 여성도들도 워낙 많고, 설교 주제로 삼기엔 시대에 뒤처진 것 같고, 왠지 촌스럽게 보이는 구석이 있거든요. 남편에게 복종하라고 권면하면 아마도 "지금 제정신이야?" 하며 놀라서 눈 크게 뜨고 쳐다볼 거예요.

강의에서 이 이야기를 꺼내면 발끈해서 나가는 여자 분들이 있어요. '복음이 충돌을 일으켰구나. 이 메시지가 가짜가 아니구나!' 솔직히 희열을 느껴요. 사도행전을 보면 스데반의 설교를 들은 군중들이 마음에 찔림이 있어서 이를 갈았다고 하지요. 돌만 안 들었을 뿐이지 잘못된 확신이 침범을 받으니까 화가 나는 거예요.

가정의 소통 질서를 바로 세우려고 하나님이 저를 잠시 쓰고 계시다고 생각해요. 어떻게 보면 제 인생은 경계선 인생이에요. 세포로 치면 세포막이라고 할까요. 세포막에서는 삼투압 현상이 일어나요. 형체를 잡아주면서 동시에 다른 막과 소통을 하게 해줘요. 남성과의 소통, 여성과의 소통에 모두 능한 것이 저의 은사예요. 여자이면서도 남성 언어를 주로 사용한 성장 과정을 거쳤잖아요.

기독교인과 비기독교인의 맹점도 잘 알아요. 믿음 없는 가정에서 나고 자라 교회에 오긴 왔지만, 믿음의 가정에서 태어나 교회를 오래 다녔어도 하나님의 말씀을 실생활에 어떻게 적용해야 하는지 저만큼이나 모르는 사람들이 많더란 말이에요. 응급실에서 깨달은 진리 등 시행착오를 거치며 배운 것들을 한 시간 동안 압축해 전하며 성도들이 쓸데없는 고생하지 않도록 도와주라고 저를 쓰시는 게 아닌가 싶어요.

나귀가 거짓 선지자 발람에게 말하는 장면 아시죠? 하나님이 너무 급하시니까 나귀보고 말하게 하신 것이잖아요. 제가 나귀에요. 진짜 그렇게 생각해요. 하나님이 기본 질서로 주신 아내와 남편, 부모와 자녀의 소통이 심각하게 막혀 있거든요. 그래서 사모인 제게 작가와 강사라는 정체성을 더하신 것이라고 믿어요.

엊그제 갔던 교회에서 어떤 목사님이 저를 붙잡으시더니 외국에서나 가능한 것을 우리 것으로 바꿔줘서 고맙다고 악수를 청하시는 거예요. 그동안 좋은 강사들을 모셔봤지만 상당수가 외국에서 살다 온 사람이고 자녀들도 대부분 외국에서 공부하고 있어서 들고 있자니 답답했대요. 좋은 말이긴 한데 한국 현실과 딱 맞아떨어지지는 않는다고요.

다시 한 번 확인이 됐지요. 실제로 제가 유학 경험이 전혀 없는 토종 엄마잖아요. 강의 나가보면 외국에 가고자 했는데 뜻을 이루지 못한 분들이나 우리 교육을 아쉬워하는 분들에게서 조금은 열등감을 느낄 때도 있어요. 우리 아들 유학 보내지 않고도 남부럽지 않게 키웠다고 얘기해주지요. 미국에 사시는 고모가 승호에게 놀러 오라고 했는데도 헛바람 들고 올까 봐 건너가보지도 않게 했다고요.

그리고 그동안 눈에 별로 안 띄었는데 50대가 되어서 그런지 요즘 신명기 6장 2절 말씀이 새롭게 보여요.

"곧 너와 네 아들과 네 손자들이 평생에 네 하나님 여호와를 경외하며 내가 너희에게 명한 그 모든 규례와 명령을 지키게 하기 위한 것이며 또 네 날을 장구하게 하기 위한 것이라."

자녀 양육이라는 이슈는 할아버지, 할머니께도 주신 것이더라고요. 손자 손녀 세대를 가르치기 위해서 어떤 그리스도인 조부모가 되어야 하는지 직접 경험하면서 매뉴얼을 만들게 하실 것 같은 생각이 드는 거예요.

보통 사람들이 요리 재료로 허브, 파슬리 같은 걸 자주 사용하나요? 가스 불에다가 냄비 올려놓고 고추장, 된장, 간장으로 만들 수 있는 것을 알려줘야죠. 돈 안 들이고 내 집 부엌에서 시작할 수 있도록 말이에요. 다른 나라 것 말고요. 우리나라에 꼭 맞는 것으로요.

당연히 말씀이 기준이 돼야겠죠. 방법은 묵상이고요. 실행 도구는 순종이에요. 컴퓨터에서 백신 프로그램을 실행시키면 파일을 쭉 훑으면서 감염된 파일, 치료된 파일이 몇 개인지 보여주잖아요. 심심치 않게 터지는 해킹 사건들은 잘못된 명령어가 들어가서 보안 파일이 다 지워지는 것이라면서요. 우리에게는 말씀이 백신이에요. 알게 모르게 어긋나 있던 마음을 말씀으로 바로잡는 것이지요.

얼마 전 새벽에 감염된 결정적 파일을 발견했어요. "나는 피곤하다"는 잘못된 명령어였어요. 원래 파일은 "달음박질하여도 곤비치 아니하겠고 걸어가도 피곤치 아니하리로다"라는 이사야 말씀인데 '나는 사모라서 항상 피곤해!'라는 생각이 그걸 덮고 있더라고요. 성경에 없는 말이거든요. 아시다시피 바이러스는 정보만 있고 본체가 없어요. 그래서 숙주 삼을 대상을 매섭게 찾아다니는 것이라고 해요.

새벽에 일어나서 "오직 여호와를 앙망하는 자는 새 힘을 얻으리니 독수리가 날개 치며 올라감 같을 것이요"라고 마음속으로 이사야서 말씀을 암송했어요. 백신이 기능을 발휘했나 봐요. 컴퓨터 최적화가 이뤄진 것처럼 며칠 사이에 몸이 가뿐해지고 건강해진 거예요.

묵상은 현실과 동떨어져 있는 게 아니에요. 커피를 마시면 달콤한 향에 기분이 좋아지듯이, 물을 들이키면 갈증이 해소되듯이 다분히 실제적인 행위예요. 아내가 "사랑해요. 당신이 있어서 행복해요"라고 속삭이기만 하고 종일 남편만 쳐다보고 있으면 저녁때쯤 남편이 "그런데 여보, 나 지금 무지 배고파" 이러지 않겠어요? 말씀에 맞춰 생각을 가지런히 하고 말씀이 하라는 대로 행하면 필요한 모든 것이 채워져요.

그리고 묵상에는 하나님의 인도하심이 깃들어 있어요. 교회 개척한 지 얼마 안 돼서 남편과 제 모교회에 찾아갔어요. 성도로 있을 때 잘 돌봐주셔서 감사했다고 담임 목사님께 인사드리려고요. 큰 선물도 준비해 갔지요. 하지만 사람들 눈에는 어려우니까 손 벌리러 왔다고 비쳐졌나 봐요. 어떤 분이 후원금 받을 생각 하고 있냐고, 도움 청하러 오는 사람이 얼마나 많은 줄 아느냐고 무안을 주는 거예요.

그런 뜻이 아니었는데 사모라는 이유 하나 때문에 받지 않아도 되는 괜한 오해를 받은 셈이 됐어요. 개척 교회 사모라는 섬에 갇혀 있는 느낌이 들었어요. 참담해지더라고요. 이유 없이 핍박당하는 것 같고. 한동안 약속 잡지 않고 혼자 조용히 지냈어요. 부모 형제 외에는 애써 연락하지도 않고요.

어느 날 텔레비전 광고를 보다가 '맞다. 내 하나님은 저런 하나님이시다' 하고 마음이 짠해졌어요. 보험회사 광고였는데 징검다리가 끊기니까 물 밑에서 거북이 등이 쑥 올라와서 밟고 건너갈 수 있게 도와주는 장면이었어요. 가슴 아파하고만 있지 말고 믿고 따라오라는 뜻으로 받아들여졌어요. 때마다 이끌어주시겠다는…….

성경에 남편에게 주께 하듯 복종하라는 말씀 뒤에는 바로 자녀들은 부모에게 순종하라는 말씀이 나와요. 에베소서 6장이에요. 4절에는 주의 교훈과 훈계로 양육하라는 구절이 이어지고요. 나아가서 믿지 않는 상전에게까지 순종하라고 쓰여 있어요. 그러고 나서 하나님의 전신갑주를 입으라는 말씀이 나와요. 여러 성도를 위해서 깨어서 기도하고 구하라고요.

저는 에베소서 5장 22절을 따라 여기까지 왔어요. 사모의 길을 걷게 됐고, 자식 기른 경험으로 저자가 됐고, 가정의 소통 질서를 말하는 강사가 됐지요. 하나님이 의도를 갖고 인도해오셨다고 믿고 있어요.

# ▪ 말씀에 담긴 약속을 헤아려 보라고 격려하신다

■

## 김형자 과학칼럼리스트

홈페이지에 올려놓은 글이 이름 있는 잡지와 연결되면서 물밀 듯이 원고 청탁이 들어오기 시작했다. 사실 전공은 과학이 아니다. 청소년 과학 잡지 기자로 일한 게 전부다. 그럼에도 대한민국에서 손에 꼽히는 과학칼럼니스트가 되었다. 과학이 하나님께 속해 있고, 성경에 모든 답이 들어 있다고 전해주는 일을 자신의 사명으로 여긴다.

**쓴 책** 『구멍에서 발견한 과학』, 『똥으로 해결한 과학』, 『과학에 둘러싸인 하루』, 『한국을 빛낸 과학자들』, 『지구의 비밀』, 『KBS 과학 다큐멘터리 과학카페』, 『김형자의 과학이야기』, 『어른들도 모르는 남과 여의 과학』 등 다수.

여호와는 내 편이시라
내가 두려워하지 아니하리니
사람이 내게 어찌할까

시 118 : 6

하늘에 구멍이라도 난 듯 비가 쉴 새 없이 쏟아져 내렸다. 홍수가 덮친 판잣집 마을은 너나 할 것 없이 울상이었다. 여덟 살 꼬맹이 소녀는 개천가에 잠시 서서 망설였다. '건널 수 있을까?' 불어난 물이 다리 바로 밑까지 차올라 있었다. 다리라고 해봤자 기다란 나무 서너 개를 묶어서 이편에서 저편으로 걸쳐 놓은 것이 다였다. 조금 전 어른들 몇이 혀를 차며 지나갔다. 어제 어떤 사람이 다리를 건너다 그만 급류에 떠내려갔다고.

물난리가 났는데 어디 가냐고, 괜히 딴생각 말라는 엄마의 핀잔을 듣고도 소녀는 기어이 집을 나섰다. 다리만 건너면 교회에 갈 수 있었다. 기다리던 여름 성경학교가 시작되는 날이다. 전도사님 말씀은 몇 번을 들어도 즐겁기만 했다. 율동하며 찬양하는 시간도 그렇게 신나고 재밌을 수가 없었다. 물살이 제법 거칠고 사나웠는데도 무섭거나 겁나지 않았다. 어린 소녀는 쪼르르 다리를 건너 교회로 달렸다.

비는 멈출 줄 모르고 계속 퍼부었다. 어두침침한 교회에는 소녀의 발자국 소리만 휑하게 울렸다. 아무도 없었다. 늘 문 앞에서 맞아주던 선생님도, 지난 주일에 옆에 앉았던 친구도 보이지 않았다. 날짜를 잘못 알고 온 건 아닌지 되짚어 봤다. 분명 오늘이었다. 당연히 와야 되는 줄 알고 비를 뚫고 왔다. 고개를 갸웃거리며 집으로 발길을 돌릴 수밖에 없었다. 아쉬웠는지, 혹시나 싶었는지 수도 없이 뒤돌아서서 교회 쪽을 쳐다봤다.

"어렸을 때 안 그런 사람이 없겠지만, 저는 바보처럼 보일 만큼 전도사님, 선생님이 하시는 말씀을 곧이곧대로 믿고 받아들였어요. 당시에는 집에서 저만 교회에 다녔어요. 형편이 넉넉지 않아서 부모님한테 헌금을 달라고 할 수 없었어요. 그때는 예배 시간에 헌금 바구니를 쭉 돌렸잖아요. 헌금을 내고 싶은 마음이 하도 간절해서 제 몸뚱이라도 바치려고 실제로 거기에 올라타려고 했다니까요. 그 정도로 순진하게 자랐어요."

김형자 과학칼럼니스트에게 살살 의심이 스며들어온 건 직장 생활을 하면서부터다. 원래는 교사가 꿈이었다. 과외를 하면서 이해하기 편하게 요령껏 설명하다 보면 절로 흥이 붙었다. 어린 학생들과 함께 있는 것만으로도 매일매일 배부른 것 같았다.

대학교 마지막 학기의 종강 수업을 마치고 잠깐 경험이나 쌓아 둘 겸 출판사 문을 두드렸다. 날이 따뜻해지면 다른 곳을 알아볼 수도 있다고 간단하게 생각했다. 오래 다닐 생각은 하지 않았다. 하지만 종이 냄새가 좋았다. 정성껏 글을 다듬어 종이에 가지런히 펼쳐 놓으면 흡족하고 마음 뿌듯했다.

출판사 사장은 철학에 조예가 깊었다. 박사, 교수들과도 점잖게 철학을 논할 줄 알았다. 여러 철학 연구 모임에서 내는 학회지를 출판사가 도맡아 만들었다. 사상가들의 말이 그럴 듯했다. 그쪽 공부 좀 했다는 사람들과 얘기를 나누거나, 학회지에 실릴 원고를 살펴보면서 관심이 쏠렸다.

어려운 만큼 매력적인 구석이 있었다. 자연스레 삶의 본질, 세상살이의 원리에 대해 고민해 보는 시간이 많아졌다. 돌아보면 신앙을 가졌다고 하면서도 하나님께 확고히 마음을 정해두고 있지는 않았던 것 같다. 가슴 절절한 은혜에 잠겼다거나 크게 와 닿는 진리 앞에 간곡히 무릎 꿇었던 적이 언제였는지도 가물가물했다. 한두 번 피곤하고 바쁘다는 핑계로 주일 예배를 빼먹는 날이 생기기 시작했다.

첫 직장은 3년 만에 정리했다. 사장이 건강이 쇠약해져 사업을 접는 바람에 어쩔 수 없이 다른 출판사로 옮겼다. 잘나가는 출판사였다. 이번에는 잡지 부서에 자리 잡았다. 청소년 과학 잡지 『Newton』의 창간호를 준비하는 팀이었다. 과학이 전공은 아니었지만 생물 과목만큼은 예전부터 눈에 불을 켜고 들여다봤다. 대학교에 다닐 때는 유전공학 수업을 전공처럼 들었다. 관련 책도 재미있게 읽어온 터라 마냥 생소하지만은 않았다.

기자가 된 후 과학을 접해 보니 물리, 화학, 지구과학, 천문학 등 분야가 새삼 다양했다. 속 내용은 완전히 다르다고 해도 틀린 말이 아니었다. 기자마다 각자 맡은 분야가 있지만, 다뤄보지 않은 낯선 영역을 기삿거리로 삼아야 할 때도 많았다. 정확하게 알고 있지 않으면 교정 보기가 호락호락하지 않았다. 편집장이 되고 나서는 첫 장부터 끝 장까지 일일이 검토하고 오케이 사인을 해야 했기에 두루 식견을 갖추고 있지 않으면 안 되었다.

종일 이론, 법칙만 파고들면 따분하지 않느냐고 궁금해하는 이들이 있지만, 그건 과학에 재미를 못 붙였기 때문에 하는 소리였다. 도통 무슨 말인지 이해되지 않아 머리를 쥐어뜯으며 마감 날을 보내면서도 지식을 쌓아가는 즐거움은 빠뜨리지 않고 챙겼다. 우주의 생성과 인류의 기원, 태곳적 지구의 모습을 헤아려 보는 과학계의 단골 이슈도 흥미진진했다. 창조론이라는 껍데기 안에 갇혀 지내다 바깥 세계로 머리를 내밀고 나온 것 같았다.

'하나님이 세상을 창조하셨다고 하는데……. 보이지도 않는 분을 어떻게 믿으란 말이지?'

의심의 벽도 한층 두터워졌다. 계속 사용하면 발달하고 쓰지 않고 내버려두면 퇴화한다는 용불용설도 10대 시절에 배운 적이 있는 한낱 이론에 지나지 않았는데, 과학 잡지를 만들면서 어쩌면 맞는 얘기일 수 있겠다고 점점 수긍하는 쪽으로 생각이 바뀌었다. 처녀가 잉태해서 아기를 낳았다는 이야기 역시 쉽게 납득되지 않았다. 누군가가 명백한 증거를 갖고 수치를 써서 앞뒤가 맞게 설명해줬으면 싶었다.

김형자 과학칼럼니스트는 한동안 하나님을 부정하고 살았다. 하나님은 본래 없었다고, 허상에 불과하다고, 가상세계에서나 존재하는 분이라고 혼자 결론짓고 마음을 닫았다. 하나님과 상관없는 사람으로 지내려 교회에도 발길을 끊어버렸다. 몸이 들쑤시고 아파도, 아무리 힘든 일이 있어도 하나님을 찾지 않았다. 믿음을 저버려선 안 된다는 지인들의 안타까운 충고도 차갑게 흘려보내곤 했다. 그리곤 진화론이 옳다고 거듭거듭 되뇌었다.

"못된 짓만 골라서 하고 다녔죠. 어린 조카가 주일마다 교회에 같이 가자고 졸랐어요. 저를 무척 따랐거든요. 일단 동생네를 차에 태우고 교회 앞까지 데려가요. 조카가 울고불고 떼써도 저는 내리지 않았어요. 매정하게 인사하고 차를 돌려버렸죠. 교회를 뒤로 하고는 등산을 갔어요. 그 정도로 강팍했어요. 믿음을 맛보지 않은 사람보다 더 심하게 굴었죠. 하나님이 저것 참 건방지다고 씁쓸해하셨을 것 같아요."

“김 기자님, 혹시 교회에 다니시나요?”

인터뷰를 마칠 즈음 김영길 교수가 거꾸로 질문을 던졌다. 한국창조과학회라는 단체에 깊이 관여하고 있다는 것을 알고 만나긴 했지만, 취재 차 처음 본 기자에게 대뜸 교회 얘기를 물어볼 줄은 전혀 예상하지 못했다. 멋쩍어하며 말을 꺼냈다. 대충 얼버무리거나 다른 말로 넘어갈 분위기가 아니었다.

“전에 다녔는데 어떻게 하다 보니 흐지부지되었어요.”

김영길 교수는 약속한 시간을 훌쩍 넘겨 한참을 창조론에 대해 설명했다. 미생물이 조금씩 변이를 일으켜 결국 사람의 모습을 하게 되었고, 우연히 두 발로 걷게 된 원숭이가 손을 사용하면서 점차 진화해 사람이 되었다는 학설은 심각한 오류를 지녔다고 했다. 20년이나 지난 일이라 정확히 기억나지 않지만 과학적으로 접근해 봐도 진화론은 모순투성이고, 하나님이 세상을 창조하셨다는 사실을 믿어야 한다는 말을 전했던 것 같다.

그러더니 집에 가서 보라고 책 한 권을 손에 쥐여주었다. 지금도 그 책이 책꽂이 사이에 꽂혀 있다. 이미 알고 있는 내용이 군데군데 눈에 띄었다. 그다지 어렵지 않았다. 중학교 3학년 정도면 어지간히 이해할 만한 책이었다. 며칠 지나지 않아 『진화는 과학적 사실인가?』를 읽는 중에 자꾸 가슴이 뜨끔거렸다. 그동안 공들여 쌓아 올린 것은 지식이 아니라 잘못된 신념이었다고 노골적으로 콕 집어 말하는 듯했다.

"실은 김영길 교수님의 강의 아닌 강의에 푹 빠져 들었었어요. '아, 그렇구나!' 하고 속으로 연신 감탄하면서요. 그분의 논리에 압도되어서 그런 게 아니었어요. 카이스트에서 재료공학을 가르치는 교수가 갑자기 엉뚱하게 하나님이 하신 일을 설명하는 걸 보고 놀랐어요. 훈훈하고 온화한 성품이었어요. 저와 비교가 안 될 정도로 많이 배우신 분이, 그것도 과학을 공부하신 분이 겸손하게 믿음을 추구하는 모습에 단박에 사로잡혔던 거죠."

과학에 정통하고 자기 분야에서 권위자로 인정받는 사람이 본인은 하나님으로부터 지음을 받은 자라며 자랑스러워했다. 조금의 의심도 없이 성경을 진리로 믿고 있는 듯했다. '내가 뭔데……. 나 같은 사람이 감히 어떻게…….' 숨어버리고 싶을 만큼 부끄러웠다. 기껏해야 청소년들이 읽는 잡지 기자일 뿐이었다. 성경을 잘 아는 것도 아니었다. 아무리 좋게 보려 해도 후한 점수를 줄 수 없었다. 자신이 너무 건방져 보였다.

김형자 과학칼럼니스트에게는 크나큰 도전이었다. 남의 믿음을 잠시 엿봤을 뿐인데 지켜온 확신이 맥없이 흔들렸다. 분명 감동이 있었다. 말도 안 되는 얘기라고 외면했던 건 믿으려고 하지 않았기 때문이었다는 것도 깨달았다. 그분의 행적으로 보건대 예수가 거짓말할 사람은 아닌 것 같다고, 그래서 하나님이 계실 것이라고 여기는 이들도 주위에서 쉽게 볼 수 있었다. 더 이상 마음을 속여서는 안 될 것 같았다. 다시 교회에 나갔다.

"주께서 만든 하늘, 그곳에 두신 달과 별, 내가 신기한 눈으로 바라봅니다."

태양 궤도에서 아주 약간만 벗어나도 지구는 순식간에 황량한 세상으로 변해버리고 만다. 태양의 불꽃이 조금만 사그라져도, 달이 슬쩍 뒤로 물러나기만 해도 생명의 경이로움을 찾아볼 수 없는 삭막한 곳이 되고 말 것이다. 알아갈수록 오묘하고 신기하다. 생명이 펼쳐질 조건이 끝을 헤아릴 수 없을 만큼 광대하면서도 놀랍도록 세밀하고 정교하게 갖춰져 있다. 모든 것이 꼭 알맞다. 절대 임의로 보태거나 덜어낼 수 없다.

김형자 과학칼럼니스트는 시편 기자의 고백에 뭉클했다. 광활한 우주가 오로지 사람을 위해 마련되었고, 여전히 사람을 배려하며 질서를 갖고 돌아가고 있다는 생각이 들었다. 전지전능한 존재가 아니고서는 떠올려볼 수 없는 어마어마한 계획이었다. 시편 기자도 밤하늘을 바라보며 비슷한 깨달음을 얻은 듯했다. 참 아이러니했다. 비과학적이라고 단정 짓고 쳐다보지도 않으려 했던 믿음을 다시 받아들이고 나자 과학이 제대로 보이기 시작했다.

성경을 한 글자 한 글자 유심히 읽어가다 보면 띄엄띄엄 뭔가 발견하는 순간이 왔다. 사람의 평균 수명이 120세로 늘어날 수 있다는 말은 예전부터 심심치 않게 들었다. 세포에도 생명주기가 있다. 세포분열은 보통 2년에 걸쳐 한 번씩 진행된다. 과학자들은 세포가 노화되어 움직임을 멈출 때까지 많게는 60번이나 분열할 수 있다는 사실을 밝혀냈다. 본래 사람은 100년을 살기 힘들지만 과학이 그것을 가능하게 할 수 있다는 분위기였다.

창세기 6장을 펼쳐 보다 무릎을 쳤다. 육신을 입은 사람이 땅에 머무를 날이 120년을 넘지 못한다고 쓰여 있었다. 세포분열 횟수가 왜 60번인지 명확한 이유가 있었다. 하나님은 한 세기보다 더 오래 살 수 있는 능력을 이미 사람에게 주셨다. 과학기술이 자기 마음대로 수명을 늘렸다 줄였다 할 수 있는 게 아니었다. '세계 최초 개발' 같은 수식어는 가당치 않았다. '발견했다'고 표현해야 옳다.

구약성경 말라기에도 치료하는 광선이 비칠 것이라는 구절이 있다. 과학은 레이저 광선으로 각종 피부 질환을 치료하는 기술을 만들어냈다. 최근에는 빛을 쪼여서 암 조직을 죽이는 치료법까지 나왔다고 한다. 마리아가 동정녀가 된 사건도 터무니없지만은 않았다. 인공수정을 겪어본 이들이 의외로 많았다. 남녀의 접촉 없이도 잉태할 수 있는 길이 열려 있었다. 적게나마 과학이 개입될 수 있는 여지가 보였다.

"바꿔 보면 과학 역시 하나님께 속해 있다는 말이 되어요. 성경은 아무렇게나 막 쓰인 책이 아니에요. 우리가 아둔하고 미련해서 다 찾아내지 못하고 증명하지 못할 뿐이지 과학적으로도 빈틈없게 쓰였다고 봐요. 죽은 사람이 다시 살아났다는 얘기도, 반항하지 않겠다고 마음먹으니까 저절로 받아들여졌어요. 과학이라는 게 이미 성경에 다 있거든요. 굴복할 수밖에 없어요. 그래서 누가 연구 결과를 발표하면 그 이론이 성경 어디에 있을까를 먼저 살펴요."

미국의 16대 대통령 에이브러햄 링컨은 "성경은 하나님이 인간에게 주신 가장 좋은 선물이다. 인류에게 필요한 것은 다 이 가운데 있다"는 말을 남겼다. 그는 어머니가 주신 성경 때문에 자신이 대통령이 될 수 있었다고 고백했다. 취임식 연설에서도 성경 말씀에 의지해 나라를 통치하겠다고 약속했다.

5년 남짓 지났을까. 김형자 과학칼럼니스트는 지독한 염세주의에 빠져 있었다. 콧대 높은 과학계에서 믿음을 지켜내기가 만만치 않았다. 작은 흠이라도 나지 않게 신경을 곤두세우다 보니 숨이 턱턱 막히는 느낌마저 들었다. 혼자 바동거린다고 해서 크게 달라지는 것도 아니었다. 세상 사는 게 기쁘지 않았다. 만족감이 없어서인지 먹어도 먹은 것 같지 않았다.

"하나님, 저 좀 제발 빨리 데려가주세요. 네?"

매일 축 늘어져 울면서 기도했다. 전에는 어떻게든 건강하고 보자는 생각이었다. 죽음에 대해 두려움도 많았다. 막말로 벽에 뭔 칠을 하게 되더라도 살 수 있을 때까지 오래오래 살다 가고 싶은 사람이었는데, 내내 죽을 날만 바랄 정도로 모든 게 허무하게, 덧없게 여겨졌다. 다행히 자살은 엄두도 못 냈다. 믿음이 어설프게나마 모양은 갖추고 있었던 것 같다.

어느 날 김형자 과학칼럼니스트는 자다가 흠칫 놀라 몸을 일으켰다. 난데없이 쏟아지는 비를 뚫고 다리를 건너던 소녀 시절의 장면이 꿈에 떠올랐다. 끔찍한 악몽이었다. 어린 마음에 무서워 벌벌 떨며 깼다. 수십 년이나 까맣게 잊고 지냈는데도 장면 장면이 사진을 찍어놓은 듯이 선명하게 남아 있었다.

다시 잠들었는데 더 무서운 꿈을 꾸었다. 퍽퍽 소리와 함께 지붕이 깨져나갔다. 유리창도 와장창 박살이 났다. 급하게 밖을 내다봤다. 하늘에서 비처럼 마구 내리는 건 분명 크고 작은 돌멩이들이었다. 집은 삽시간에 아수라장으로 변했다. 뛰쳐나온 동네 사람들은 전부 돌멩이에 맞아 피를 흘리며 땅에 고꾸라졌다. 쓰러진 사람들 위로 눈 깜짝할 사이에 돌이 무더기로 쌓였다. 정말 무서웠다. 죽기 살기로 뛰려고 해도 발이 떨어지지 않았다. 그런데 이상하게 아프지 않았다. 앞으로 옆으로 돌이 휙휙 떨어지고 있었지만 머리 위로 날아드는 것은 하나도 없었다. 용기를 내서 하늘을 올려다봤다. 하늘 가득 사람 모습의 큰 형상이 나타나서 "아무 일도 없을 테니 두려워하지 마라. 내가 너를 지켜줄 것이다"라고 말해주었다. 마침 친하게 소꿉장난하던 옆집 오빠가 아우성을 치며 지나가고 있었다. "오빠! 이리 와. 나는 안 맞아. 이리 오라고!" 하고 두 손을 오므리고 불렀다. 한 명이라도 구하고 싶었다. 하지만 그 오빠도 바로 눈앞에서 무참히 쓰러지고 말았다. "꺅" 비명을 지르며 고개를 돌렸다. 자지러지듯 울면서 눈을 떴다. 놀란 가슴이 잦아들기까지 한참을 기다려야 했다.

"여호와는 내 편이시라. 내가 두려워하지 아니하리니 사람이 내게 어찌할까."

어릴 적 꿈을 되짚어보고 나자 시편 118편 6절 말씀이 뒤이어 생각났다. 언젠가 마음에 담아뒀던 구절이었다. 그 자리에서 엉엉 목 놓아 울었다. 하나님이 곁을 떠나지 않고 지켜주셨다는 사실을 인정하니 와락 눈물이 났다. 누구는 그것을 하나님과의 인격적 교제라고 불렀다. 이제 고독하게 싸우지 않아도 되었다. 그분에게 기대 편히 쉴 수 있었다.

틈날 때마다 깊이 묵상하며 마음을 다잡았다. 하나님은 모태에 짓기 전부터 '나'를 아셨다고 했다. 수북한 머리털을 한 올 한 올 다 세시는 분이라고 들었다. 지문마저 하나하나 다르게 그려 넣을 만큼 기억력이 탁월하고, 다재다능한 분이셨다. 그런 하나님이 언제나 내 편이라고 되뇌면서 조금씩 기운을 차렸다. 말씀 한 구절을 아주 껴안고 살았다.

"오래전 약속을 일깨워주셨다고 할까요? 저의 연약한 영혼을 소생시키시려고요. 힘들어도 살아야 한다고, 같이 할 일이 있다고 이끄시는 것 같았어요."

"마흔 살까지만 다니게 해주세요. 마흔 살부터는 저만의 일을 할 수 있게 해주세요."

꼭 마흔이 되던 해 김형자 과학칼럼니스트는 직장을 나와 본인

회사를 차렸다. 38세 때 과학 잡지를 만들던 출판사는 IMF의 파고를 넘지 못하고 결국 부도를 맞았다. 한동안 출판사를 직접 경영해 보고 싶은 기도 제목이 있었다. 자고 일어나서도, 출퇴근길에도 온통 발행인이 되고픈 기도였다. 물론 기도 때문이 아니었지만 어쨌든 다니던 출판사는 이듬해 다른 회사로 넘어갔다.

1인 출판사로 첫 발을 내디뎠다. 집 근처 사회교육원에서 홈페이지 제작 수업부터 들었다. 전자상거래법도 꼼꼼히 공부했다. 우선 출판사 홈페이지 안에 〈웃기는 과학〉이라는 온라인 매거진을 펼쳐놓았다. 도메인도 '하하하사이언스'였다. 알고 있는 과학 지식을 잡지 형식으로 재미있게 꾸몄다. 편집장으로 있을 때 돈이 부족해서 잡지를 못 사 보는 청소년들이 늘 마음에 걸렸었다.

"책을 몇 권 내지도 않았어요. 총 네 권인가 발행하고 접긴 했지만 그것도 나름 경영이라고 글 써서 홈페이지에 올릴 여유가 없더라고요. 〈웃기는 과학〉을 두세 번은 잘 만들었어요. 새 글로 계속 바꿔줘야 하는데 출판사가 잘 굴러가는 것도 아니고 해서 1년 넘게 그냥 내버려뒀거든요. 그런데 하나님의 섭리가 참 오묘하더라고요."

어느 날 처음 인사드린다며 주간조선에서 전화를 걸어 왔다. 과학 기사를 누가 썼는지 먼저 물었다. 그러더니 자기네 잡지에도 한 꼭지만 써달라고 부탁했다. 딱히 반대할 이유가 없어 청탁에 응했다. 긴장감을 갖고 글을 써볼 수 있는 괜찮은 기회였다. 주간 잡지라 마감이 빨리빨리 돌아와서 그랬는지 몇 주 안 되어 다시 연락이 왔다. 독자들 반응이 나쁘지 않다고 했다. 그렇게 두 달에 한두 번 꼴로 연락을 받고 원고를 보냈다.

1년쯤 지나자 여기저기서 원고 의뢰가 들어오기 시작했다. 그리 알려진 사람이 아니었는데도 정부 기관지, 대기업 사보, 대중 잡지 등 가리지 않고 글이 깔끔하고 좋다며 원고 분량을 불러줬다. 안 쓰는 데가 없다시피 했다. 고정 필진으로 2년, 3년 길게 쓴 곳도 여러 군데 있었다. 책상 앞에서 물러날 새가 없었다. 매일 마감의 연속이었다. 이런저런 이유로 경영을 내려놓아야 했다. 출판사 일을 더 이상 챙길 수 없었다.

"아시는 분이 책을 한번 내보자고 했어요. 짤막짤막한 글만 써봤다고, 긴 호흡으로 가본 적이 없다고 손사래를 쳤지요. 큰 부담 없이 내용을 이끌어갈 수 있게 설명하더라고요. 어떻게 써야 되나 겁도 나고 염려도 되었지만, 한편으론 하나님이 내 편이시니까 이번에도 도와주실 것 같아 든든해졌어요. 일과 관련해서는 하나님이 저를 무척 사랑하시나 봐요. 발간되기도 전에 다음 책을 계약하고 연이어 또 다음 책을 쓰게 되었거든요."

그중 『구멍에서 발견한 과학』은 김형자 과학칼럼니스트가 먼저 제안했다. 출판 담당자가 뭘 쓰고 싶으시냐고 묻기에 구멍에 관한 것을 써보겠다고 했다. 단추 구멍 같은 하찮은 구멍에도 과학이 담겨 있다고 말하고 싶었다. 예전부터 '꼭 써야지!' 하고 우주의 블랙홀까지 수많은 구멍을 생각하며 다녔다. 술술 써내려갔다. 즐겁게 쓴 만큼 느낌이 괜찮았다. 나오자마자 날개 돋친 듯이 팔려나갔다. 30~40대 어른들도 심심치 않게 '구멍' 책을 찾았다.

『과학에 둘러싸인 하루』는 고통스러웠다. 내용이 대부분 물리, 화학 쪽이었다. 생물은 자신 있었지만 다른 분야는 여전히 골치 아팠다. 더구나 기계치인 사람이 현금자동입출금기 같은 기계 속이 어떻게 돌아가는지 말로 보여주려니 고충이 이만저만이 아니었다. 중간에 내던지고 싶은 마음을 억지로 끌어안고 썼다. 어서 끝내고 벗어나고픈 마음뿐이었다.

"너무 쓰기 싫은 걸 참고 참으면서 썼는데, 출간된 그해 문화체육관광부에서 선정한 우수교양도서가 되었다는 거예요. 재작년엔 가는 정부 기관지에 기고했던 「천년의 비밀을 간직한 한지」라는 짧은 글이 중학교 교과서에 실렸고요. 과학 교과서가 아니라 국어 교과서에요. 『구멍에서 발견한 과학』은 서울 북부 지역 중학교 필독도서 목록에 올랐어요. 예기치 못한 일들이 자꾸자꾸 일어났어요. '무슨 뜻일까? 나를 어디로 이끄시려고 하시나?' 고민이 될 수밖에요."

하나님이 이스라엘 민족을 선택하신 것은 그들이 수효가 많고 강성했기 때문이 아니었다. 신명기 7장에는 오히려 모든 민족 중에 가장 적었기 때문에 자기 기업의 백성으로 택하셨다고 나온다.

김형자 과학칼럼니스트는 과학을 전공자가 아닐 뿐더러 흔하다는 박사 학위도 없다. 냉정히 말해 연구를 직업으로 삼은 이들만큼의 깊이를 갖추지 못했다. 때론 숫자를 잘못 적어 넣기도 하고 처음과 나중이 딱 맞아떨어지지 않아 글을 다시 읽어보게 만들기도 한다. 따끔한 항의 메일도 가끔씩 받는다. 제대로 공부한 적도 없으면서 무슨 염치로 과학을 논하느냐는 다그침에 가슴이 덜컹 내려앉을 때도 있었다.

"제가 잘 알지 못하는 것까지 주시는군요. 주님, 제 잔이 넘칩니다!"

자주 부르짖게 된다. 과학 칼럼은 잘 정돈된 지식을 곁에 두고 있어야 쓸 수 있다. 다져놓은 능력이 미치지 못하는데, 그것을 웃도는 글을 쓰고 있으면 팍팍 스트레스 쌓이는 소리가 귓전을 맴돈다. 너무 높은 차원의 청탁은 거절할 수밖에 없다. 욕심낸다고 될 일이 아니다. 아무개 교수님의 전문 분야이니 그분에게 부탁해보시라고 돌려보내는 게 마땅한 도리다.

과학칼럼니스트가 공식 직함이 된 건 주간조선 덕분이다. 수년 전 주간조선에서 '김형자의 과학 이야기'라는 이름을 붙여 고정 지면을 내주면서 '과학칼럼니스트'라고 산뜻하게 저자 소개말을 넣어줬다. 과학 관련 글을 쓸 수 있는 자격을 얻은 듯했다. 평생 감사를 외쳐도 모자랄 것이다.

세미나에 초청되어 발언할 기회를 얻을 때마다 김형자 과학칼럼니스트는 과학을 친밀하게 전달할 수 있는 방법을 모색해야 한다고 입버릇처럼 말한다. 공부하신 분들이 재밌고 흥미롭게 써줘야 과학의 저변화가 이뤄진다고, 그래야 과학 산업에 더 활발한 투자가 일어나지 않겠느냐고, 발표된 글 대부분을 보통 사람들은 너무 어려워서 읽지 못한다고 꼬집는다. 다들 그 부분에서만큼은 건방지다고 나무라지 않고 깨끗하게 인정해준다. 내심 고마워하는 눈치다.

김형자 과학칼럼니스트는 한 과학자의 말에 크게 공감했던 적이 있다. 성경에 심취해 진리를 발견하고 연구와 사업에 적용한 사람은 성공은 물론이요 노벨상도 문제없을 것이라고 했다. 성경에 담긴 과학, 과학에 깃든 말씀을 글로 표현해내는 일이 자신의 몫인 것 같았다. 자기가 잘못 알고 있다는 것이 납득되면 꼿꼿한 자존심을 버리고 단번에 무릎 꿇을 수 있는 이들이 과학계 종사자들이다. 과학보다 더 큰 진리가 있음을 깨닫기만 하면 된다. 모든 해답이 말씀 안에 있다는 메시지를 전해주고 싶었다.

"글 쓰는 게 장난이 아니잖아요. 하루 종일 책상머리에 붙어 있다 보면 멍해지면서 머리가 멎어버리는 것 같아요. 글쓰기가 돈 버는 수단일 뿐이면 지루하고 힘들기만 할 거예요. 하나님이 '오늘은 이걸 해결해 보렴' 하고 맡기시기에 계속 청탁을 받게 되는 것이라고 생각해요. 그래서 못 쓸 것이 없다고, 까다로워도 쓸 수 있게 도와주신다고 믿고 써요. '사람이 내게 어찌할까' 말씀을 떠올리면서요."

김형자 과학칼럼니스트 집에는 큰 스피커와 더불어 건반, 기타,

엠프 드럼 등 음악 장비가 가득하다. 한꺼번에 빼냈다가 다시 들여 넣기가 여간 불편한 게 아닐 텐데도 매달 넷째 주 토요일이면 짐을 싸 들고 봉사를 나간다. 따로 모여 사는 노인 분들의 적적함을 달래드리는 일이다. 다음 달에는 친구들과 십시일반 모은 돈으로 돼지 한 마리를 사서 지체장애인들에게 숯불구이 파티를 열어줄 계획이다.

어릴 때 워낙 힘들게 공부해서 형편이 어려운 사람들의 절박함을 누구보다 잘 안다. 김형자 과학칼럼니스트는 중학교 1학년 때 전교 학생회장에 오를 정도로 똑똑한 아이였다. 2학년에 오를 무렵, 어려운 가정 형편 때문에 스스로 자퇴하겠다고 했다. 연년생 남동생이 얼마 전 초등학교를 졸업했고 곧 고등학생이 되는 언니도 있었다. 고생하는 엄마가 안쓰러웠다.

놀랍게도 나이 열여섯 살에 처음 출판사 일을 했다. 전화 받고 잔심부름 해주는 사환으로 들어갔다. 아침에 제일 먼저 출근해 사무실 바닥을 쓸고 책상을 닦았다. 낮에는 주로 경리 일을 보고 필요할 때마다 책 주문도 넣었다. 어느 날 편집장이 틀린 글자가 있나 대충 대조해 보라고 해서 원고를 유심히 읽어봤다. 배운 것도 없이 멋모르고 맞은 생애 첫 교정이었다. 그때 주변 사람들 말로는 눈이 반짝반짝 빛났다고 한다. 덕분에 많은 책을 읽을 수 있었다. 정말 공부하고 싶었다. 어떻게 해서든 꼭 공부해야겠다고 교정을 보며 결심했다. 고민하다 사환 일을 하며 검정고시를 준비했다. 고등학생이 되고서도 일을 내려놓을 틈이 없었다. 3학년 때도 중학생, 초등학생들을 가르치며 스스로 학비를 벌어야 했다. 지금도 학창 시절을 떠올리면 혼자 아등바등한 기억밖에 없다.

불쌍한 사람들에게 보탬이 되는 삶을 오래 꿈꾸며 살았다. 누군가 자신에게 다가와 작은 무언가라도 쥐여주며 끌어당겼다면 좀 더 낫게 지난날을 꾸렸을 것 같다. 어려운 처지의 사람들을 대할 때마다 애틋한 마음이 생긴다. 저들의 꿈을 채워주고 싶다. 홈페이지에 올려놓은 글이 이름 있는 잡지와 연결되고 책까지 내게 된 것은 어쩌면 남을 돕는 일을 감당하기 위함이 아닐까 하는 생각이 조심스레 들었다. 30년 가까이 기도해온 소망이다. 꼭 이루고 싶다.

미국의 찰스 피니라는 변호사는 하나님의 법을 연구해 보려고 성경을 읽기 시작했다고 한다. 그는 성경을 탐독하면서 그 안에 무려 3만 2500개나 되는 약속이 있다는 사실을 발견했다. 믿는 사람만이 그 약속을 누릴 수 있다는 변하지 않는 진리도 깨달았다. 무신론자였던 그는 마침내 믿음을 받아들였고 하나님의 말씀을 전하는 부흥사가 되었다.

'제가 어려운 사람들을 돕는 일을 벌이고 싶은데, 하나님 보시기에 어떠세요? 맘에 드세요? 그러면 해볼 수 있게 해주세요. 혹시 하나님 뜻에 어긋나는 건 아닌가요?'

김형자 과학칼럼니스트는 매일 점심을 먹고 난 뒤 산책 삼아 가볍게 동네를 한 바퀴 돈다. 그 시간에 마음속으로, 입을 종알종알거리면서 기도한다. 왜 대한민국에서 손 꼽히는 과학칼럼니스트가 되게 하셨는지도 겸손히 여쭤보고, 주일에 들은 설교, 아침에 읽은 말씀도 천천히 묵상해본다. 말씀이 잔잔하게 마음에 머무는 순간이 있다. 어떤 뜻인지 조금 지나 알아차릴 때도 있지만, 며칠 몇 주 깊게 생각해봐야 할 때가 더 많다.

묵상은 하나님이 주신 약속을 헤아려 보는 시간인 것 같다. 하나님은 이미 많은 것을 우리에게 약속해주셨다. 그것들을 기억해내고 찾아내고, 거기에 믿음을 실어 자기가 처한 상황에 가져오기까지의 시간을 묵상이라고 일컫는 게 아닐까. 의심하는 자에겐 하나님의 약속이 미칠 수 없다는 것이 김형자 과학칼럼니스트의 고백이다.

"의심하지 말라고, 틀린지 맞는지 와서 변론해 보자고 저를 과학분야에 데려다 놓으신 듯해요. 너희들이 연구하는 거 여기에 다 있다고 말씀해주시려고요. 그걸 깨닫게 하시려고 여기까지 인도하셨다고 확신합니다."

# ▪ 나와 그분,
# 둘만의 사귐을
# 기대하신다

## 박경희 작가

질풍노도의 십 대를 통과하는 아들을 가슴 아프게 바라봤다. 첫 장편소설로 소년원을 드나드는 아이들의 이야기를 썼다. 지금은 탈북 청소년들의 속마음을 글로 옮기고 있다. 탈북 청소년들은 갑자기 삶에 불쑥 끼어들어왔다. 붙잡고 기도해줄 때마다 눈물 콧물이 줄줄 흐른다. 가슴이 아려서 참을 수 없다. 그네들을 글감으로 삼을 줄 상상도 하지 못했다.

**쓴 책** 『사랑의 빵 속에 담긴 작은 행복이야기』, 『여자 나이 마흔으로 산다는 것은』, 『이대로 감사합니다』, 『분홍벽돌집』, 『엄마는 감자꽃 향기』 등.

두려워하지 말라 내가 너와 함께함이라
놀라지 말라 나는 네 하나님이 됨이라
내가 너를 굳세게 하리라 참으로 너를 도와주리라
참으로 나의 의로운 오른손으로 너를 붙들리라
사41 : 10

깊은 밤 국경수비대의 눈을 피해 강을 건너고 제3국을 향해 목숨 걸고 길을 찾아온 아이들은 어딘가 모르게 달랐다. 늘 허공을 보는 듯한 눈빛에 허기진 모습이다. 가끔은 선생님들의 사랑을 이용해 자신들의 욕심을 채우기도 한다. 탈북 과정에서부터 아니 북에서부터 살아남기 위해 어른들의 나쁜 습관을 몸에 익힌 아이들이 많았다.

하지만 그 아이들의 내면 깊은 곳을 들여다보면 알 수 있다. 겪은 아픔이 너무나 크기에 한국에 와서도 쉽게 사람을 믿지 못한다는 사실을 말이다. 부모, 동생을 북에 남겨두고 혼자 쓸쓸하게 내려온 아이도 한둘이 아니다. 아직 어린 나이인데도 외로움에 사무친 아이들이 보는 내내 안쓰럽기만 했다.

가난에 허우적대는 처지도 여전히 그대로다. 사람답게 살고 싶어 사선을 넘나들며 여기까지 왔지만 한국에서의 새 삶은 어느 것 하나 녹록치 않다. 보통 사람들 틈에서 무난하게 묻혀 지내고 싶은 바람 역시 갈수록 사치스럽게 여겨진다. 상대적 빈곤감이란 것도 처음 맛봤다. 자꾸 변두리 가장자리로 밀려나는 느낌이 들었다.

"북한에선 배를 쫄쫄 굶긴 했어도 지금처럼 불행하지는 않았어요. 그때로 돌아가고 싶어요."

의외로 친해지기 힘들었다. 그 아이들에게 어깨를 내어주면 바로 기댈 줄 알았는데 좀처럼 마음을 열려고 하지 않았다. 혼자서 아파하기만 했다. 많든 적든 퍼주는 것은 해도 해도 끝이 없었다. 물심양면 도와주고 잘 대해준다고 변화가 일어나지 않는다. 저들을 어떻게 감싸 안아야 할까? 고민이 깊어졌다.

탈북자들은 쉽게 배신하거나 은혜를 모른다는 말을 흔히 한다. 10대 아이들을 경험해본 사람들의 입에서도 그런 말이 종종 나온다. 하지만 박경희 작가는 탈북 청소년들의 심령을 안타까운 마음으로 바라볼 수밖에 없다. 두 아들을 치열하게 키운 어머니로서 소외된 청소년을 향한 남다른 눈을 갖고 있기 때문이다.

박경희 작가가 탈북자들에게 처음부터 관심을 둔 것은 아니었다. 뉴스에서 보여주는 것만 알았다. 탈북 과정은 비슷비슷했다. 굶어죽기 싫어서 국경을 넘었고 연고도 없는 타지에서 성매매를 당하는 등 고생고생해서 한국에 오게 되었다는 사연에서 거의 벗어나지 않았다. '얼마나 힘들었을까?' 잠깐 슬퍼하고 마는 정도였다.

전화 한 통을 받고 나서부터 달라졌다. '하늘꿈학교'라고 전해왔다. 탈북 청소년들을 돌보는 대안학교에서 자신들의 이야기를 전해달라 했다. 직접 찾아간 까닭은 예의를 갖춰 거절하기 위해서였다. 교장 선생님이란 분의 간청에 전화기에 대고 딱 잘라 말씀드리기가 어려웠다.

극동방송 프로그램 〈김혜자와 차 한잔을〉의 작가로 18년간 쉬지 않고 달려왔다. A4 용지 두 장 분량을 하루도 빼먹지 않고 써댔다. 매일 나가는 방송이라 요령 부릴 새가 없었다. 일이 손에 안 잡혀도, 더 이상 퍼 올릴 말이 없어도 꾹꾹 참으며 써질 때까지 짜냈다. 다른 날로 미루는 건 꿈도 꾸지 못했다.

하늘꿈학교의 이야기를 책으로 내려고 한다는 데 썩 내키지 않았다. 숱하게 해온 게 취재였다. 여러 사람들의 말을 모아 엮는 작업이 될 게 뻔했다. 한두 번 만나서 될 일도 아니었다. 이제는 창작에 몰두하고 싶었다. 막 방송 작가 일을 정리한 참이었다. 역동적인 서사와 시큰한 감동이 깃든 작품을 써나가길 바랐다.

하늘꿈학교 교장선생님은 목사 직함도 갖고 계셨다. 어깨에 잔뜩 힘이 들어간 분이 아니어서 대하기가 편했다. "박 작가, 나 목사 되는 사람이오. 도와주는 셈치고 이것 좀 써줘요"라고 무겁게 부탁하셨다면 망설일 것 없이 자리를 박차고 나왔을 것이다. 굳이 말아야 할 이유도 없었다.

탈북 청소년들이 어떻게 살고 있는지 전해 듣는데 전혀 몰랐던 세상이 머릿속에 그려졌다. 별 상관없던 그네들의 삶이 안타깝고 기가 막히게 다가왔다. 어떤 희생이 따르더라도 사랑하기 힘겨운 아이들을 끝까지 사랑하겠다는 마음이 생겼다. 조금의 사심도 없었다. 특별한 뭔가가 있겠거니 싶었다. 할 일이 아예 없지는 않을 것 같았다. 부르심이 아닐까 하는 생각이 살짝 들기도 했다.

"몇몇 학생 이야기만 가지고는 안 돼요. 일주일에 한 번이지만 직접 가르쳐 보겠다고 했지요. 요즘 '재능 기부'라고 많이들 하잖아요. 탈북 청소년들 상대로 수업한 지 한 3년 되나 봐요. 주제를 건네고 글을 써보라고 하면 그 안에 아이들의 진짜 마음이 담겨요. 글을 구실로 아이들 얘기를 정말 많이 들었어요. 세상에 꼭 알려야겠다고 조금씩 사명감이 생기더라고요. 처음부터 확 받아들인 건 아니에요."

박경희 작가는 하늘꿈학교에서 마련한 영성 캠프, 제자 훈련에도 자원봉사자로 나섰다. 아이들 손 붙잡고 곁에서 기도할 때마다 눈물 콧물이 줄줄 흘러내렸다. 가슴이 아려서 도저히 참을 수가 없었다. 미국에서 온 선교사들도 탈북 청소년들을 제 자식처럼 품어주며 뜨거운 눈물을 쏟았다. 그들이 탈북자라는 이유만으로 그렇게 마음이 일렁였다.

한 아이는 제 눈앞에서 엄마가 처형당했다고 했다. 새엄마의 갖은 구박을 견딜 수 없어 동네 아줌마를 따라 중국으로 갔다가 넘어온 아이였다. 엄마를 잃은 상처의 골이 너무 깊었다. 학교에서 마주치기만 하면 "선생님, 외로워요. 어떡하면 좋아요"라고 앓는 소리를 냈다. 엄마와 단둘이 건너온 학생도 있었다. 한국에서 새아버지를 맞았지만 오래가지 못했다. 엄마는 수시로 애인을 바꿔 집에 데려왔다. 대학생이 되었는데도 맘 편히 의지할 곳을 두지 못했다.

'도대체 왜 우는 거지?' 아이들은 뚱한 얼굴로 쳐다보기만 했다. 자기네를 위해준다는 것은 알겠는데, 하나님이라는 분이 계신 것 같긴 한데 믿어지지 않는다고 했다. 기도하라고 해서 하긴 했지만 솔직히 기도가 뭔지 모르겠다며 덤덤한 표정을 지었다.

박경희 작가는 일부러 탈북 청소년들과 같은 방을 썼다. 밤새 얘기하면서 조금씩 마음을 텄다. 스무 살이 채 안된 청소년들인데도 대화가 술술 통했다. 모진 고통을 겪어봤고, 처절하게 삶을 고민해온 아이들이라 어른스럽고 속 깊은 데가 있었다. 30년 넘게 차이 나는 나이는 전혀 문제가 되지 않았다.

"저를 위해 진심으로 울어준 사람은 선생님이 처음이었어요."

다섯째 날 밤인가 한 아이가 어렵사리 입을 떼더니 울음을 터뜨렸다. 정말 펑펑 울어댔다. 하나님은 절대 나를 버리지 않으시고 언제나 내 편이 되어주신다는 말씀에 마음이 움직였다고 했다. 그분이 어떤 분이신지 조금은 알 것 같다고, 자기는 더 이상 혼자가 아니라며 흐느끼는데 가슴 한쪽이 뭉클했다.

하나님을 받아들인 아이들은 말씀과 기도에 흠뻑 빠져들었다. 삶의 중심에 모시고 나서는 더는 흔들리지 않았다. 외롭다는 말은 쏙 들어갔다. 자기를 도와주는 든든한 존재가 있어 오히려 행복해 했다. 생명을 걸고 국경을 넘어오게 하신 하나님의 뜻을 묵상하면서 진로를 결정하고 한국 생활에 적응하려 무던히 애썼다. 은혜를 온몸으로 빨아들이는 것처럼 보였다.

"한 영혼을 구하는 일에 부르셨다는 것을 알게 되었어요. 애초에는 괜찮은 르포를 써야겠다고 생각하고 있었어요. 크게 한 번 터뜨려 보고 싶었거든요. 이슈를 먼저 차지하고픈 욕심이었지요. 나만이 할 수 있다, 이런 거요. 2년 정도 지나니까 저를 드러내려는 마음이 다 사라졌어요. 저는 가운데서 이야기를 전달해주는 역할에 지나지 않아요. 하늘꿈학교 선생님들의 헌신은 말로 표현할 수 없을 정도로 엄청나요. 그분들에 비하면 저는 완전히 날라리예요."

사다새라는 새가 있다. 어미 사다새는 먹이를 구하지 못해 굶주리게 되면 일부러 자신의 가슴께를 부리로 찢어 상처를 낸다. 피 냄새를 맡은 배고픈 새끼들은 정신없이 어미의 가슴을 파고들고 결국 심장까지 뜯어먹는 일이 벌어진다고 한다. 사람도 따라 하기 힘든 모성이 아닐 수 없다.

탈북 청소년들은 박경희 작가의 삶에 갑자기 끼어들어왔다. 하늘꿈학교에 가까운 사람이 있었던 것도 아니고 이북이 고향인 먼 친척이 있는 것도 아니다. 그네들의 아픔을 글감으로 삼을 줄은 상상도 하지 못했다. 하나님이 작심하고 자신을 번쩍 들어 올려 이쪽에 데려다 놓으신 것 같은 생각이 든다. 『분홍벽돌집』을 냈기 때문일까. 박경희 작가의 첫 장편소설은 청소년 성장물이었다.

눈에 넣어도 안 아픈 둘째 아들은 말 그대로 질풍노도의 시기를 보냈다. 중학교에 들어가서 심한 체벌을 받은 것이 화근이었다. 폭력이나 다름없을 만큼 과했다. 마음이 틀어진 아들은 그 뒤 가출을 밥 먹듯이 했다. 등교하면 혼나기만 하니, 학교도 외면하는 날이 점점 많아졌다. 그리고는 문제아로 낙인찍힌 친구들과 종일 어울렸다. 초등학교 6년 내내 반장을 하고 전교회장으로 활동한 아들이기에 당황스러움이 더했다.

밤마다 공원이라는 공원은 다 헤집고 다녔다. 아들이 집에 들어오지 않으면 불안해서 잠을 이룰 수 없었다. 서울에 공원이 그렇게 많은 줄 미처 몰랐다. 삼청공원이 깊숙한 곳에 자리 잡고 있다는 것도 처음 알았다. 한 번도 안 가본 한강 고수부지에 죽치고 앉아 있기도 했다. 밤새 공원 안을 기웃거리다 새벽 예배로 발을 돌린 날이 부지기수였다. 극성맞다고 힐난해도 어쩔 수 없었다. 엄마 얼굴을 보여줘야 조금이라도 빨리 돌아올 것 같았다.

아들까지 열두 명이 몰려다녔다. 반 성적을 까먹는다는 이유만으로 선생님으로부터 매정하게 내쳐진 애들이었다. 그중 일곱 명이 이혼한 집 자식이었다. 이부자리 하나 겨우 펼 수 있는 방 한 칸뿐인 집에 살아 형편이 말이 아니었다. 부모들은 새벽까지 고되게 일하다 잠깐 눈 붙이러 들어올 뿐 자식을 전혀 돌봐주지 못했다.

아들은 그들 사이에서 저 혼자 이만 들어가보겠다는 말을 꺼내지 못했다. 부모 모두 안정된 직업을 가졌고 따뜻한 자기 방이 있는 친구는 아들밖에 없었다. 큰 부담 없이 용돈을 내줄 수 있는 부모를 둔 것을 아들은 못내 미안해했다. 친구들에게 괜히 빚진 마음마저 갖고 있었다. 아들은 그것을 의리라고 여겼다.

박경희 작가는 집 현관문을 항상 열어두었다. 밥통에는 밥을 늘 한가득 채웠다. 냉장고에도 아이들이 좋아하는 돼지불고기를 푸짐하게 재어서 넣어놓았다. 배고플 때 언제든지 와서 볶아 먹으라고 자리를 내주었다. 아줌마가 없더라도 아들이 있을 때 와서 배불리 먹고 가라고 망나니 같은 친구들을 끌어안았다. 세탁기 사용법도 알려줬다. 집에 안 들어가는 아이들의 옷이라도 깨끗이 빨아 입히고 싶었다.

국어 시험이라도 잘 보라고 죄다 불러다 앉혀놓고 가르쳐보기도 했다. 적은 시간일지언정 일단 함께해야 되겠다는 마음이 컸다. 초등학생도 이해할 만한 쉬운 본문인데도 들여다보기 어려워했다. 그 정도로 대책 없이 방치된 아이들이었다. 퇴학당한 아이 둘은 고민 끝에 사비를 들여 대안학교에 보냈다. 아침마다 전화해서 사고치고 있지 않은지 안부를 물었다. 한 달 만에 뛰쳐나갔다는 소식에 또 한 번 가슴이 무너져 내렸다.

"그 아이들이 예뻐서 밥을 해놨겠어요? 몰려다니는 모습 꼴도 보기 싫었어요. 단지 내 새끼를 구하기 위해서였어요. 이기적이었죠. 그래도 제 아이가 완전히 엇나가면 안 되잖아요."

박경희 작가는 매일 울며 기도했다. 일에 치여 고단해도 자식 교육만큼은 야무지게 챙겨왔다. 미술관이나 사진 전시회, 연극이 열리는 소극장에도 소풍 가듯 자주 데려갔다. 많고 많은 애들 중 왜 하필 자기 자식한테 이런 끔찍한 일이 벌어진 건지 도무지 이해가 되지 않았다. 자식의 인생이 달려 있었다. 원하시는 게 무엇이냐고, 무얼 깨닫길 바라시느냐고 매달릴 수밖에 없었다.

〈김혜자와 차 한잔을〉 원고를 쓰지 않았다면 아마 못 버텼을 것이다. 감당할 일이 있었기에 문제에 파묻혀버리지 않고 잠시나마 다른 생각을 하며 숨을 돌릴 수 있었다. 김혜자 선생님도 옆에서 적지 않은 위로가 되어주었다. 일상을 흐트러뜨리지 않으려고 노력했다. 밤새 아들을 찾느라 몸과 마음이 천근만근이었지만 내색하지 않고 묵묵히 원고지를 펼쳤다.

"두려워하지 말라. 내가 너와 함께 함이라. 놀라지 말라. 나는 네 하나님이 됨이라. 내가 너를 굳세게 하리라. 참으로 너를 도와주리라. 참으로 나의 의로운 오른손으로 너를 붙들리라."

힘들 때마다 이사야서 41장에 기대 쉬었다. 방황하는 아들에게도 수시로 10절 말씀을 문자로 넣어줬다. 도와줄 터이니 염려하지 말고 강해지라고 두 사람에게 동시에 말씀하시는 것 같았다. 아침에는 시편, 잠언, 전도서 중 한 군데를 택해 열심히 읽었다. 끌림이 있는, 간절히 찾게 되는 구절이 꼭 있었다. 중요하다고 색깔 펜으로 줄쳐놓은 말씀이 눈에 밟혀 앉은 자리에서 열 번 넘게 자세히 뜯어보는 날도 있었다.

동숭동 집 뒤편의 낙산공원도 매일 걸었다. 골방에서 쪼그려 무릎 꿇는 대신 박경희 작가는 길을 걸으면서 은혜를 구했다. 잠잠히 발걸음을 옮기며 자신을 고독하게 만든 다음 앞에 앉아 있는 사람과 대화하듯 나긋이 말씀드리듯 기도했다.

'제가 오늘 이런 말을 내뱉었는데 그 사람에게는 상처가 되었을 것 같아요. 이제부턴 너무 제 뜻만 내세우지 않게 도와주세요. 그리고 제가 쓴 새 책이 곧 나와요. 정말 잘되었으면 좋겠어요. 아버지도 같은 마음이시죠?'

평범해 보이는 산책에서 깊은 교제가 일어났다. 하나님이 원하시는 것이 뭔지 헤아리며 간구하다 보면 마음에 잔잔한 울림이 왔다. 그러면 버려야 되는 것, 덜어내고 가야 하는 것들이 편안하게 정리되었다. 건져 올려야 하는 것, 팽개치지 않고 챙겨야 되는 것을 깨닫고 북받치기도 했다.

집 앞 큰길에서 시내버스를 타면 오래 가지 않아 기도원이 있다. 정거장에서 내려 걸어 올라가면 기도원까지 25분이 걸렸다. 천천히 기도하며 걷기에 알맞았다. 예배 시간이 따로 잡히지 않은 월요일을 주로 택했다. 한 시간 정도 마음 가는 대로 찬양하고 주시는 감동에 따라 묵상하며 머물렀다.

말씀이라는 거울로 자신을 들여다보는 시간이었다. 아들 걱정을 잔뜩 짊어지고 가지만 마지막에는 언제나 하나님과 박경희 작가 둘뿐이었다. 하루하루 여쭙고 걸러내지 않으면 마음이 복잡하고 혼돈스러웠다. 어수선하고 지저분한 것들이 씻기지 않고 그대로 쌓여 있는 날은 견디기 어려웠다.

탁월한 영성 작가로 꼽히는 존 엘드리지는 "하나님은 친밀감을 나누려고 우리를 창조하셨다"라고 했다. 묵상은 거닒이 아닐까. 자기 혼자서만 바쁘다가 필요한 게 생기면 급히 와서 손 벌려 받아가고, 뭔가 아쉬울 때마다 잠깐 찾아와서 부탁하고 돌아서는 인생과, 하나님과 깊은 대화가 오가고 친밀한 사귐이 있는 삶은 분명 거리가 있어 보인다. 하나님은 우리와 함께 거닐기를, 당신을 보여주시고 우리의 고백을 듣기를 기대하시는 것 같다.

"남한테 굽힐 줄 몰랐어요. 자존심도 셌고요. 교회 누구누구 처지가 안되었다더라, 큰일을 당했다던데 기도해줘야겠다고 알려줘도 신경 안 썼어요. 뒤에서 수군수군대는 게 싫어서 사람들도 거의 안 만나고, 아들 얘기는 입 밖에 내지도 않고 지냈는데, 어느 순간 잘난 것 하나 없으면서 교만으로 똘똘 뭉쳐 있는 제 모습이 적나라하게 보이더라고요. 자기 자식도 제대로 건사 못한 연약한 사람일 뿐이었어요. 내려놓는다는 걸, 하나님 앞에서 두 손 두 발 다 드는 걸 깨닫게 된 거지요."

'저 사람 정말 쓰라리고 아프겠다.' 어느 때부턴가 마음이 쓰였다. 속사정도 진심으로 궁금해졌다. 지긋지긋했던 아들 친구 녀석들까지 예뻐 보일 때가 있었다. 거친 반항심을 다스리지 못해서 그렇지 본래 심성은 다들 착하고 고왔다. 단지 집이 가난하다고, 공부 좀 못한다고 저 어린 나이에 패배감에 젖어 지내야만 하는 것인지 안타까움이 들었다. 달리 보면 걔네야말로 억울한 피해자였다.

하나님이 너와 함께하시기 때문에 벼랑 아래로 떨어질 수도 없고, 더는 빗나갈 수도 없다고, 아들에게도 엄마의 간곡한 마음을 전했다. 98점이던 평균 점수가 60점으로 곤두박질쳤을 때의 무거운 심정을 잘 알지 않느냐고, 하루아침에 재수 없는 놈으로 찍혀서 손가락질당했을 때의 당혹스러움과 수치스러움을 누구보다 훤히 이해할 수 있지 않느냐고 타일렀다.

하나님을 고백하는 간증자가 되어달라고 부탁했다. 옆에서 지켜보는 엄마보다 네가 더 고통스럽다는 걸 안다고, 그래도 너는 인생을 함부로 살 사람이 아니라고 간절함을 더해 말했다. 네가 앞으로 어떤 일을 하게 될지 모르지만 하나님의 인도하심을 따라가야 한다고, 그것이 믿는 사람이 살 길이라고 계속 얘기해줬다.

무리 가운데에는 소년원을 제 집처럼 드나드는 친구들이 끼어 있었다. 입만 열면 상스러운 욕이고 걸핏하면 주먹질에 발길질이었다. 비슷한 또래를 위협해 돈을 빼앗거나 남의 물건을 훔치는 일도 거리낌 없이 저질렀다. 그 애들과 어울리면 전과자 되기는 시간문제였다. 슬그머니 도둑질하고 있을 때 옆에 같이 있기만 해도 공범으로 잡혀 들어간다. 정말 순식간이었다.

죽기 살기로 막았다. 너무하다 싶을 정도로 냉정하고 엄하게 굴었다. 그 애들과 엮여 노는 꼴을 더 이상은 봐줄 수가 없었다. 얼굴 보는 횟수를 적당히 줄일 수 있고, 시간 없으면 다음에 만나면 되는 그런 관계가 아니었다. 휩쓸리지 않게 하려면 떨어뜨려 놓는 수밖에 없었다. 엄마가 해줘야 했다. 결국 중학교 3학년을 마칠 무렵 아들은 유학길에 올랐다.

아들이 외국에 나가 있는 동안 박경희 작가는 소년원을 꾸준히 방문했다. 정식 교화위원은 아니었지만 가족 초청 행사를 준비할 때 편지 쓰는 요령을 가르치며 말동무도 해주고 복음도 전했다. 부모가 면회 한 번 오지 않는 아이들이 거의 절반 가량이었다. 사고를 쳐서 경찰서에 끌려간 날에도 "걔는 내 자식이 아니에요"라는 차가운 말만 돌아왔다고 했다. 부모한테서까지 외면당한 처지를 두고두고 되새기는 듯했다. 생각 있는 어른들이 애정을 갖고 지켜봐줘야 변화된다는 것을 다시금 절실히 느꼈다. 도중에 그만둘 수가 없었다.

아들은 맘 잡고 영화를 공부하더니, 스무 살 되던 해 단편 실험 영화를 만들어 세상에 내놓았다. 제목이 〈꽃으로도 때리지 마라〉다. 자신이 보고 겪은 참담한 학교 교육 현실을 영상으로 풀어냈다. "아이를 꽃으로도 때리지 마라"라는 에스파냐 교육학자 프란시스코 펠레의 말에서 영감을 얻었다고 했다. 아들은 그렇게 성인이 되었다.

"스무 살을 넘기면서 반항기가 사라지고 엄마 아빠의 친한 아들로 돌아왔어요. 끊임없는 기도 덕분인 것 같아요. 하나님만이 그 마음이 어떤지 아시잖아요. 하나님이 건드려주시지 않으면 돌아올 수 없었을 거예요. 『분홍벽돌집』엔 소년원 아이들의 이야기를 담았어요. 둘째 키울 때 맘고생은 말도 못해요. 그 시기를 지나오면서 소외된 청소년들을 위해 글을 써야겠다고 생각했어요. 인연도 닿았고……."

방송 작가 시절, 김혜자 선생님의 입을 빌려 주변의 따뜻한 이야기, 감동이 깃든 에피소드를 내보냈다. 컴퓨터가 귀해서 마지막 한 글자까지 일일이 손으로 썼던 적도 있었고, 무더운 여름에 에어컨도 없이 세숫대야에 발 담그고 앉아 다음 문장을 고심하던 때를 지나기도 했다.

창작집을 내고 싶다거나 꼭 등단해야겠다는 욕심이 별로 없을 때였는데도 1회 방송으로 딱 한 번 읽고 버리자니 괜스레 아까운 마음이 들었다. 정성을 가득 들인 글을 애청자들에게 지면으로 보여주고 싶다는 바람을 조심스럽게 전했다. 방송이 나가고 얼마 지나지 않아 책을 내보자고 연락이 왔다. 박경희 작가의 첫 책이 된 『사랑의 빵 속에 담긴 작은 행복이야기』는 일사천리로 출간됐다.

박경희 작가는 2006년 한국프로듀서연합회에서 주는 한국방송라디오작가상을 받았다. 이후 여기저기서 출판 제의가 들어왔다. 한 출판사에서 여자 나이 마흔에 대해 써달라고 했다. 나이 먹어가는 것이 서글픈 아줌마들의 사연을 소재로 한 책이었다. 같은 40대였기에 공감 가는 부분도 많았다. 이번에는 자신의 얘기를 써보기로 마음먹었다. 한 달 만에 초고를 완성했다. 원고지 880매 분량이 거침없이 술술 써졌다.

하지만 출판사에서는 "너무 착하고 순진한 글"이라며 난색을 표했다. 좀 더 자극적인 얘기를 넣어달라고, 중년 여성의 성 얘기가 들어가는 게 낫겠다며 수정을 요했다. 왜 그런 말을 하는지 이해되지 않는 바가 아니었지만 박경희 작가는 영 내키지 않았다. 아내, 엄마의 자리를 지키느라 지친 아줌마들에게 잊고 있던 '나'를 찾아가자는 메시지를 던지고 싶었지 중년의 성을 탐구하는 내용을 쓰려고 했던 게 아니었다.

책 한 권 더 내겠다고 자기 자신을 속일 수 없었다. 그만 다른 사람을 알아보라고 했다. 기다렸다는 듯 원고를 되돌려 보내왔다. 다행히 토씨 하나 안 바꾸고 출판해주겠다는 곳이 있었다. 중견 화가 김인옥 선생님은 삽화로 사용하라고 본인의 작품을 아무 대가 없이 내주었다. 놀랍게도 무려 44점이나 되었다.

"그 출판사에서 원하는 대로 썼다면 책이 더 잘 팔렸을지도 몰라요. 만약 그랬다면 몹시 부끄러웠을 것 같아요. 『여자 나이 마흔으로 산다는 것은』을 제가 썼다는 말도 못 꺼내고 주변에 읽어보라고 건네주지도 못했겠죠."

금요일마다 직접 쓴 기도문이 라디오 전파를 타면 원고를 받아보고 싶다는 문의가 길게 이어졌다. 기도 모음집으로 묶으면 좋겠다고 생각만 했을 뿐인데 이번에는 담당 피디가 마음을 읽고 출판사에 먼저 연락해 다리를 놓아줬다. 아들이 돌아오기를 학수고대하며 드린 기도들이 예쁜 책으로 남았다. 갓 출간된 『이대로 감사합니다』를 받은 날, 기도문을 써 내려갈 때처럼 가슴이 뜨거워졌다.

당분간 박경희 작가에게는 탈북 청소년이 묵직한 화두가 될 것 같다. 지인들도 심심치 않게 비슷한 말을 해온다. 구상하고 있는 책도 대부분 탈북자와 관련된 이야기다. 하나님이 하늘꿈학교로 불러주셨다는 믿음 역시 흔들림이 없다.

미국 남북전쟁 당시 남군 총사령관이던 로버트 에드워드 리 장군은 "내가 아무리 어려움에 처하더라도 성경은 나에게 항상 빛과 힘을 주었다"는 말을 남겼다. 아들에게 그랬듯 탈북 청소년들에게도 두려워하지 말라고, 하나님이 도와주신다고, 그러니 말씀을 손에서 놓지 말라고 부탁하고 싶다.

남들은 글감이 없어서 억지로 낯선 데를 다녀보고 경험해보지 못한 세계에 몸을 던져보기도 한다던데, 박경희 작가에게는 아직 먼 얘기일 뿐이다. 책을 내고 나면 머지않아 다른 책이 연결되었고, 그러고 나면 다음에 쓸 소재를 곧 만났다. 매번 거저 받은 것이나 다름없었다.

마음으로 자기 길을 계획해도 그 걸음을 인도하시는 분은 여호와라는 잠언 말씀, 박경희 작가는 살아갈수록 진리임을 확신하게 됐다. 수도 없이 머리를 굴려보고 이것저것 꼼꼼히 따져도 봤지만 자신이 계획했던 대로 된 적이 거의 없었다. 바로 앞에 주어진 일, 골치 아픈 상황을 그때그때 감당하며 지내다가 뒤를 돌아보면 '여기까지 인도하셨구나', '이 길을 걸어오게 하셨구나' 고백하게 되는 게 하나님이 만들어놓으신 인생이지 싶다.

은혜도 마찬가지라는 생각이 든다. 공로가 컸다고 마구 쏟아부어지고 수고가 남달랐다고 왕창 더 주어지는 게 아닌 것 같다. 복음서의 포도원 주인은 한 시간밖에 일하지 않은 품꾼에게도 종일 일한 품꾼과 똑같은 노임을 지불했다. 가족과 하루 먹고살 만큼의 액수였다. 그것을 결정할 권한은 주인에게 있었다.

"하나님의 섭리 밖에 있는 인생이 없고, 그분의 예정에 속해 있지 않은 삶이 없잖아요. 글을 쓸 수 있게끔 길목마다 세심하게 인도해주셨다는 느낌이 듭니다. 이만큼 좋은 조건에서 글 쓰는 작가가 또 있을까요? 유명하지는 않지만, 제 자신이 굉장히 축복받은 작가라고 생각해요. 과분한 은혜를 받았어요."

# ▪ 말씀에 기대
# 지금을
# 즐기게 하신다

■
## 유광수 작가

연로한 부모님의 빚을 갚아드리는 것이 아들 된 도리지만 한편으론 하나님의 뜻과 멀어져 있는 것 같아 개운치 않았다. 돈만 벌고 있을 때가 아닌 듯싶어 공부를 다시 시작했고 소설을 써나갔다. 문학상을 수상하면서 남은 빚이 정리됐고, 모교 교수로 임명되기까지 했다. 예수님이 말씀하시는 대로 하나씩 실천하면서 행복하게 사는 일이 요즘 묵상 테마다.
**쓴 책**『진시황 프로젝트』,『왕의 군대』.

## 그들이 배들을 육지에 대고
## 모든 것을 버려 두고 예수를 따르니라

눅5 : 11

수년 전이었다. 일손을 보태려 중학생들 수련회에 따라나선 적이 있다. 늦은 밤에 교사들과 모여 그날 기억에 남은 일이며 다음 날 세세한 일정을 얼기설기 듣던 중 유광수 작가는 한숨을 쉬었다. 요즘 가지고 있는 기도 제목을 나누던 차였는데 잘 알고 지내는 권사님 한 분이 뼈 있는 한마디를 슬그머니 내민 것이다.

"유 집사, 이제 그물을 버리고 예수님을 쫓아가라구!"

생업을 정리하고 목회자가 될 준비를 하라는 뜻은 아닌 듯했다. 남몰래 집착하고 있거나 살살 눌러 담은 욕심이 있다면, 그만 내버리고 가야 되지 않겠느냐는 말로 들렸다.

학원 강사 일은 다른 사람에게 슬슬 넘기려던 참이었다. 학부모 눈치 살피느라 골치 아픈 과외는 벌써 정리해버렸다. 학원은 벌이가 꽤 쏠쏠했다. 남들 곤히 잠든 새벽까지 떠들어대느라 고단했지만 그만큼 벌리는 게 있어 나름 버틸 만했다. 입소문을 듣고 등록하는 학생도 꾸준히 늘고 있었다. 이 악물고 이대로 쭉 나가기만 하면 몇 년 내로 스타 강사 부럽지 않은 몸값을 챙길 수 있을 듯싶었다. 허무맹랑한 꿈은 아니었다.

원장은 토요일만이라도 나와달라고 사정했다. 지분을 크게 떼어줄 테니 이번 기회에 경영까지 맡아보라고 솔깃한 제안을 내놓기도 했다. 그러려면 일주일을 꼬박 학원에 매달려야 했다. 주말에 쉬지 못하고 밖에 나와 일할 만큼 어려운 형편은 아니었다. 하루만 강의를 뛰어도 웬만한 회사 못지않은 월급이 나왔다. 당장 먹고사는 데 아무 지장이 없었다.

2~3주 지나서였을까. 금요일 저녁, 구역 식구들을 집에서 맞았다. 조금은 밋밋한 구역 예배가 예상과 다르게 뜨거운 부흥회 분위기로 흘러갔다. 기도 소리가 와글와글했다. 훌쩍이느라 손은 자꾸만 눈가로 향했다. 구역장님의 안타까운 말에 마음이 움직였는지도 모른다.

"나는 우리 구역 식구 생각만 하면 가슴이 아파. 우리 집 남편이 아직도 교회 안 다니는 게 나한테는 큰 짐이지. 저쪽 집은 살림 좀

펴고 살아야 할 텐데 벌써 몇 년째 그대로지. 여기 유 집사네는 부지런히 공부해서 갈 길 가야 되는 사람이 부모님 빚 떠안고 괜한 고생하고 있지……."

장남으로서 책임감과 부담감을 느낀다고 해서 죄가 되는 것은 아닐 게다. 어려운 처지의 부모님을 도와드리는 것이 전적으로 옳다고 봤다. 자식들에게도 나은 환경을 만들어주고 싶었다. 세상의 모든 아버지가 갖는 바람이다. 개미처럼 쉴 새 없이 일했다. 건강한 신앙을 지닌 가장이라면 당연히 그래야만 한다고 여겼다.

베드로는 고기잡이 일을 천직으로 알고 그물질을 했다. 그는 주어진 여건 아래서 우직하게 살았다. 밤샘 수고도 마다하지 않을 정도로 갈릴리 어부의 삶에 충실했다. 그런 그가 그물을 내버리고 떠날 순간을 맞았다. 물고기를 잡는 일은 더 이상 그의 몫이 아니었다. 하나님의 뜻은 그가 사람을 낚는 어부가 되는 데 있었다.

'내가 한다고 하는 모든 일이 하나님이 일하시지 못하게 막고 있는 것은 아닐까?'

유광수 작가는 번득 깨달음이 들었다. 자신의 열심이 도리어 하나님을 제한하고 있는 것 같았다. 잘못된 방법이 아니었기에, 이제껏 틀리지 않은 선택이란 판단에 옳은 길인 줄 알고 달려왔지만, 하나님의 생각은 어느새 다른 곳을 향해 있었다. 계속 지금처럼 전심전력으로 부모님의 경제적 문제를 떠안고 살아야 할지 아니면 내어맡기고 하나님이 부모님을 돌보시도록 해야 할지 결정을 내려야만 했다.

부모님이 자식들 몰래 빚을 내서 지내왔다는 것을, 결혼 후 아이 둘을 낳고 첫 애가 초등학교에 들어갈 무렵에야 알게 되었다. 갚을 힘이 없어 은행 창구 앞에 다시 앉기를 여러 번 반복하다 보니 빚이 눈덩이처럼 불어나 있었다. "괜찮으니 너무 걱정하지 마라!"는 부모님 말에 가슴이 더 미어졌다.

유광수 작가는 가족들을 한자리에 불러 모았다. 급하게 막아야 되는 순서대로 통장을 쭉 늘어놓고 부모님께 한 달 생활비로 얼마큼 쓰시는지를 여쭸다. 매달 빠져나가는 이자, 갚아야 하는 원금도 계산에 넣었다. 엄청난 액수가 나왔다. 거꾸로 동생들에게는 달마다 얼마씩 낼 수 있는지를 물었다. 월급날 기다리며 사는 직장인들이라 나올 수 있는 금액이 뻔했다. 매일 야근해서 받는 수당을 얹는다 해도 크게 달라지지 않았다.

더는 부담 지우지 않으려 "나머지는 내가 알아서 하겠다"고 말하고 간단히 마무리 지었다. 장남이라서 애써 어깨를 무겁게 한 것은 아니었다. 직장에 얽매이지 않고 돈을 벌 수 있는 사람이 자신밖에 없었다. 동생들에게 직장 그만두고 사업하라고 재촉할 수도 없는 노릇이었다.

아무리 적게 잡아도 3년은 허리띠를 바짝 졸라매고 다녀야 할 것 같았다. 우선 덜 먹고 덜 쓰면서 아껴 둔 돈으로 이율이 제일 높은 통장 하나를 없앴다. 박사 논문은 나중을 기약하기로 하고 휴학계를 냈다. 주변에서는 돈독이 제대로 올랐다고, 이제 와서 공부하기 싫다며 내뺀다고 수군수군거렸지만 어쩔 수 없었다. 시간강사가 수업 한 시간 하고 받는 강의료는 단돈 몇 만 원이 고작이었다. 한 학기에 배정받는 수업은 많아야 세 과목, 자식 입에 풀칠해주기에도 모자랐다.

아침 일찍 외곽순환도로를 타고 경기도 안양으로 달렸다. 차가 밀리는 출근 시간대를 피하려면 서둘러야 했다. 오전 아홉 시부터 시간을 꽉꽉 채워 국어를 가르쳤다. 오후 다섯 시에는 서울 상계동으로 급히 움직였다. 옆에 과자봉지를 뜯어놓고 두세 개씩 집어 먹으며 액셀러레이터를 밟았다. 여섯 시 수업에 늦지 않고 닿으려니 밥 먹는 틈을 따로 챙기기 어려웠다. 상계동 수업은 밤 열 시가 되어야 끝났다. 집이 가까웠지만 몸을 누이기에는 아직 일렀다.

유광수 작가는 한밤중에 한강 다리를 건너 잠실로 차를 몰았다. 과외를 마치곤 다시 경기도 평촌으로 이동해 다른 학생을 만났다. 학원 두 곳, 과외 두 군데를 매일 쳇바퀴 돌듯 돌았다. 자정을 넘기지 않고 집에 들어간 날이 손꼽을 정도로 드물었다. 새벽 두세 시까지 학생 얼굴과 문제집을 번갈아 쳐다보다 보면 그야말로 기진맥진이었다.

졸음운전을 피하려 날씨가 꽁꽁 얼어붙은 날에도 자동차 창문을 열어놓고 핸들을 잡았다. 그래도 눈이 감기면 바람이 얼굴 쪽으로 나오게 맞춰놓고 에어컨 버튼을 눌렀다. 여 가수가 고음을 내지르는 비트 센 가요도 수시로 들었다. 부족한 잠은 점심식사를 대충 해치우고 잠깐 눈 붙이는 것으로 때웠다. 잠에서 깨어나면 두터운 장갑을 낀 것처럼 손이 퉁퉁 부어 있었다.

부모님을 원망해본 적이 없다면 거짓말일 것이다. 대학 강사가 아닌 학원 선생이라고 해서 부끄럽거나 불편하지 않았지만, 이렇게 휴학까지 해가면서 발목 잡혀 살아야 하나 서러운 적이 있었다. 딸애가 커가는 모습을 지켜보지 못한 것도 서글펐다. 아들의 어리광은 다 기억이 난다. 씻기고 재우고 어깨에 태우고 신나게 놀러 다니기도 많이 했다. 언젠가 딸이 "아빠!" 하고 부르는데 조그맣던 애가 부쩍 커 있어서 깜짝 놀랐다. 아빠라는 사람이 옆에 있어주지 못해 속상하고 미안한 마음뿐이었다.

그 와중에 집주인은 전세금을 확 올려 부르며 나가달라고 보챘다. 다른 집을 알아볼 수밖에 없었다. 2000만 원 더 오른 전셋집인데도 굉장히 싸게 구했다는 느낌이 들었다. 기대를 안고 달려갔지만 은행에서는 전세자금 대출을 곤란해했다. 염치 무릅쓰고 처가에 손 벌려야 하는 신세가 스스로도 딱했다. 지금 벌이로 충분히 감당할 만한데, 벌기도 많이 벌었는데 다 빠져나가고 잔고가 텅 비어 있는 현실이 기가 차고 어이없었다.

"두 번인가 슬펐는데, 딱 10분 동안 괴로워하다 끝냈어요. 원망한다고 바뀔 수 있는 게 아니잖아요. 괴롭다고 거기에 파묻혀버리는 것도 어리석어 보이고……. 그럴 만한 시간도 없었어요. 워낙 정신없이 돌아다니다 보니 깊게 고민할 새가 있나요. 일 마치고 나면 드러눕느라 바빴죠."

이때를 참고 인내하면 크나큰 복을 받게 될 것이라는 생각은 별로 하지 않았다. 나중을 위해 지금을 감사하려 애쓴 기억도 잘 나지 않는다. 다만 즐기려고 했다. 학생들을 만나 가르치는 일이 싫지는 않았다. 재밌는 일로 먹고살 수 있어서 다행이라고 좋게 생각하고 넘어갔다.

캐나다 리젠트 신학교의 영성신학자 미르바 던 교수는 "하나님은 우리에게 훨씬 더 많은 것을 주기 원하신다. 그분이 주기 원하시는 평안은 단순히 갈등이 없는 상태를 초월한다"고 가르친다.

유광수 작가는 학원 일을 정리하는 쪽으로 갈피를 잡았다. 단번에 결단을 내렸다. 갈등이나 망설임 같은 것은 일지 않았다. 왠지 하나님의 인도하심이 있을 것만 같았다. 몸 편한 쪽으로 생각하면 토요일 하루 학원에 나가는 것이 맞지만 막상 그렇게 해보려고 하니 마음이 무겁고 편치 않았다. 그물을 버려두고 떠날 때 베드로의 심정이 어땠을지 헤아려 보았다. 평안에 기대어 가보기로 한 것이다.

마음잡고 소설을 써보고 싶었고, 못다 한 공부를 계속 이어가길 바랐다. 대박을 터뜨려서 큰돈을 만져보겠다거나 교수 자리에 기어이 오르고 말겠다는 기대는 하지 못했다. 정말 해보고 싶고 잘할 수 있는 일을 종일 시도해볼 수 있다는 것만으로도 감지덕지였다.

온 정신을 쏟아 열심히 논문을 썼다. 자다가도 무언가 떠오르기라도 하면 벌떡 일어나 빠른 글씨로 메모하거나 휘갈기듯 자판을 두드렸다. 완성된 논문이 무척 맘에 들었다. 다른 것과 비교해서 오는 만족감이 아니었다. 더 이상 잘 해낼 수 없겠다는 느낌이 들 만큼 모든 노력을 기울였다. 아쉬움은 없었다.

"당신이 역사에 남을 만한 논문을 쓰게 해달라고 기도하고 있어요."

박사 과정을 마치고 어떤 길로 가야 할지 모르겠고 논문 쓰는 것도 힘겹고 벅차서 답답해하던 때가 있었다. 대충 해서 일단 졸업이나 하고 보자는 생각이 솔직히 없지 않았다. 잘 쓰고 못 쓰고를 떠나 적당히 성의만 표시하고 넘어가고픈 얄팍한 마음도 들었다.

아내가 진지한 얼굴로 건네는 몇 마디 말에 유광수 작가는 정신이 번쩍 드는 듯했다. 부끄러움과 민망함, 부담감이 순식간에 뒤섞이면서 뭐라 설명하기 어려운 복잡한 심경이었다.

'아, 내가 아내의 기도 덕분에 여기까지 할 수 있었구나.'

2005년 가을에는 노란 은행잎이 유난히 예뻤다. 유광수 작가는 논문 심사에 올릴 최종 논문을 복사집에 맡기고 잠시 바람을 쐬러 나왔다. 캠퍼스 건물들을 쳐다보며 건들건들 서 있는데 공기 중에 하나님의 은혜가 떠올라 감동이 밀려왔다. 설령 박사 학위를 받지 못하더라도 후회하지 않는다. 세상 어디에도 논문에 담긴 내용을 자신만큼 잘 아는 사람은 없었다. 남들이 뭐라고 하건 그것은 중요하지 않았다. 어떻게 인도하시건 기꺼이 받아들일 수 있을 것 같았다.

소설『진시황 프로젝트』를 쓸 때도 비슷한 느낌이었다. 유광수 작가는 「옥루몽 연구」로 박사 논문을 쓰며 조선시대 후기 대중소설이 폭발적인 인기를 끌었던 점을 주의 깊게 살폈다. 흥을 돋우는 재미, 다수의 관심을 끄는 흡인력이 사회 곳곳에 적지 않은 파장을 일으킨 흔적을 엿보았다. 바로 이야기의 힘이었다. 요즘에도 대중의 마음을 사로잡는 이야기 한 편이 흥행 영화의 원작이 되고 인기 드라마로 탈바꿈하는 등 문화산업에 굵직한 영향을 미치는 것을 본다.

유광수 작가는 기백 년 전 장안을 떠들썩하게 했던 스토리텔링의 묘미를 지금 시대에 어우러지게 되살려보고 싶었다. 늘 그래왔던 것처럼 적어도 한 주에 두 권, 1년에 200~300권의 책을 열중해 읽으며 대중과 호흡하고 있는 여러 이야기들을 두루두루 섭렵해갔다. 신세대, 기성세대 가릴 것 없이 40분 남짓의 외국 드라마에 몰입하는 까닭도 거부하기 힘든 스토리텔링의 매력 때문이다. 유광수 작가는 억지로라도 매일 영화 한 편씩 들여다보며 이야기를 펼쳐나가는 방식을 고심했다. 어떤 장르로 현시대의 모습을 솎아낼지도 깊이 있게 따져 보았다.

박완서, 이문열 같은 분들처럼 대단한 작품을 쓰지는 못하더라도 추리물 쪽에서는 나름의 색깔을 낼 수 있겠다는 판단이 섰다. 어려서부터 추리소설에 관심이 많았다. 초등학교 2학년 때 난생처음 돈 주고 산 책도 '셜록 홈즈 전집 시리즈'였다. 성장해서는 영화

〈미저리〉의 원작자인 스티븐 킹의 소설을 재밌어했다. 그가 전미도서상을 수상하기 전부터 즐겨 읽었다. 유광수 작가는 처음부터 영상으로 다시 만들어질 것을 염두에 두고 작품을 구상했다. 그것이 미디어 시대의 소설이 갖춰야 할 미덕이라고 생각한 것이다.

『진시황 프로젝트』를 쓰기 시작한 지 1년여 지났을 때 '제1회 대한민국 뉴웨이브문학상' 공모 소식을 접했다. 문학적 완성도와 대중적 재미를 아우르는 소설을 장르 구분 없이 찾는다고 했다. 이야기 산업의 주춧돌로 삼으려 한다는 반가운 말도 덧붙여 있었다. 유광수 작가는 박차를 가했다. 쓰고 있는 소설과 방향이 얼추 맞아떨어졌다. 바삐 탈고를 하고 네 번, 다섯 번 거듭 자세히 읽으며 모난 부분을 다듬었다. 1부, 2부로 나눠 출판해도 될 만큼 두툼한 분량이 나왔다.

"어디에 응모하려고 쓴 게 아니었는데 첫 책으로 상까지 받고, 운이 좋았어요. 애초에는 워낙 재밌어하는 일이니까 일단 맘껏 해보자는 마음으로 시작했거든요. 실제로 그런 소설밖에 쓸 줄 모르고요. 건방지다고 한 소리 들을 것 같은데 원고를 보내고 나서 왠지 제가 수상자가 될 것 같은 생각이 들었어요. '내가 제일 잘 썼다!' 이런 자신감은 절대 아니었고 그냥 이쪽으로 인도하실 것만 같은 근거 없는 확신이 든 거죠. 당선되지 못한다 하더라도 크게 상관없었고요. 곧 시상식이 있으니 언제 어디로 오라고 전화가 왔는데, 학교 강의와 겹칠까 봐 선뜻 대답을 하지 못했어요. 수업이 일주일에 스무 시간 가까이 됐을 때였거든요. 전화하신 분이 담담하다 못해 심드렁하기까지 한 당선자는 처음 본다고 얘기하더라고요."

느닷없이 어릴 적 살던 집이 기억났다. 뉴웨이브문학상을 수상하고 난 어느 날 곰곰이 기도하고 있던 중이었다. 문득 두 장면이 겹쳐 떠올랐다. 고개를 갸웃거렸다. 그동안 까맣게 잊고 지내왔는데 왜 갑자기 생각이 났는지 궁금했다.

가난한 동네의 허름한 교회에 다니던 유광수 작가는 고등학교 2학년 때부터 주일학교 교사로 봉사했다. 전도사님이 담임으로 계셨다. 사례비도 몇 푼 받지 못하고 거의 무료 봉사하듯 교회를 돌보시는 분이었다. 집도 멀어서 새벽예배를 드리고 그 자리에서 주무시다 아침 세수를 하고 주일학교 아이들을 맞았다. 번번이 식사를 거르고 빈속으로 강대상에 서시는 모습이 딱해 보일 때가 많았다.

주일 새벽, 유광수 작가는 전도사님을 집으로 모시고 오는 심부름을 자주 했다. 조그만 방 두 개짜리 다세대 주택이었다. 안방은 할머니와 여동생이 쓰고 부모님은 부엌에 딸린 쪽방에서 주무셨다. 한 평 약간 넘는 마루에는 유광수 작가와 남동생이 이불을 깔고 누웠다. 아침 해가 뜰 때까지 방에서 나오지 않는 것이 가족끼리의 불문율이었다. 잠을 깨우지 않으려 화장실 가는 것도 가급적 피했다.

반찬이라고 해야 달랑 국하고 깍두기뿐이었다. 전도사님한테도

주일 첫 끼니였는데 대접치곤 참 박했다는 생각이 지금도 든다. 넉넉해서 부른 게 아니라는 것을 전도사님도 알았다. 그래서 항상 고마워하며 내놓는 밥공기마다 맛있게 비워주셨다. 아침을 뚝딱 해치우고는 주일학교를 준비하러 같이 집을 나섰다. 하루는 전도사님이 예언인지 희망 사항인지 알아듣기 애매한 투로 말을 거셨다.

"저거 저거, 유 선생, 저거 보라고. 살진 암소 한 마리가 지금 유 선생 집으로 들어가고 있어. 복 많이 받게 될 거야."

초등학교 때는 무허가 집에서 잠깐 살기도 했다. 나무 막대기를 허름하게 엮은 대문을 밀치면 옛날식 부뚜막이 바로 앞에 보였고 옆으로 방 두 개가 나란히 있었다. 한쪽에서는 할머니와 시커먼 애들 셋이 다닥다닥 붙어 밤을 보냈다. 부모님은 다른 방을 사용했다. 부모님 방은 천장이 뾰족하게 올라가 있었다. 크기도 손바닥만큼밖에 안 돼 누우면 꼭 개집 같다는 느낌이 들었다.

요즘도 그렇지만 당시에도 부흥사경회를 인도하러 오신 목사님을 끔찍이 모셨다. 교회 처지가 어려우면 성도들이 십시일반 돈을 모아 여관방을 잡아드리거나 돌아가며 자기 집 남는 방을 내드렸다. 유광수 작가 집에도 종종 처음 보는 목사님이 오셨다. 그럴 만한 형편이 아니었지만 아무도 나서는 사람이 없어 어쩔 수 없이 모시고 오는 경우가 많았다. 매번 부모님은 당신 방을 내드리고 바깥 어딘가에서 주무시고 오셨다.

목사님이 쉬시는 방에는 음료수, 과일, 과자가 담긴 작은 아이스

박스가 놓여 있었다. 여전도회에서 준비한 여벌 양말과 갈아입을 속옷도 개켜져 있었다. 어머니는 어린 삼남매에게 늘 단단히 주의를 주었다. 목사님이 한 입씩 맛보라고 주셔도 절대 받지 말라는 말을 귀가 아프도록 들었다. 목사님 근처에도 가지 않겠다는 엄한 다짐을 하기도 했다.

목사님이라고 마음이 편하실 리가 없었다. 부흥회를 끝내고 쉬러 온 집이 너무 궁색해 당황스러운데 부부가 방을 비우고 며칠씩 바깥 잠을 청하고 다녀야 하니 더욱 미안해하셨다. 교회에서 마련해준 간식거리도 시커먼 애들 셋이 계속 눈에 밟히는 바람에 과자 한 봉지도 눈치 보며 조심스럽게 뜯어야 했다.

"얘들아, 와서 이거 먹어 봐."

"안 돼요. 엄마가 먹지 말라고 그랬어요. 근데 목사님, 아세요?"

"뭘?"

"여기 개집이에요. 천장 보세요. 되게 웃기지요?"

차마 따라 웃지 못하고 말없이 아래를 내려다보시던 목사님이 그때 어떤 생각을 했을지 유광수 작가는 눈을 감은 채 헤아려 보았다. 말씀은 안 하셨지만 머무는 내내 가족 한 사람 한 사람을 위해 기도해주셨으리라. 전도사님도 맑은 국을 들이키고 깍두기를 우적우적 씹어 넘기며 정성 들여 간구하셨겠다는 확신이 들었다.

"많은 분들이 알게 모르게 기도해주셔서 여기까지 오게 되었다는 생각에 뭉클해졌습니다. 구약성경을 보면 선지자들이 하나님의 마음을 움직이는 기도를 드리잖아요. 거저 받았다는 느낌을 지울 수가 없습니다. 사실 제가 남들에 비해 특출하게 잘 해낸 게 없어요. 거창한 비전이나 대단한 목표가 있어서 계획에 맞춰 열심히 달려온 것도 아니고요. 피하지 않고 그때그때 상황에 충실했다는 것 외에는 딱히 내세울 것이 없네요."

가장이 결단하지 않으면 시작하기 어렵겠다고 판단한 유광수 작가는 30분만 일찍 일어나 가정예배를 드리기로 마음먹었다. 다음 날 강의 준비와 원고 집필, 밀린 회의까지 참석하다보면 보통 오후 열 시 반은 돼야 집에 들어왔다. 밤늦은 시간은 아무래도 부담스러웠다. 벌써 4년이 훌쩍 지났다.

적당한 찬송가 한 장을 골라 부르고 다 같이 신앙고백을 했다. 성경은 요한복음부터 읽어갔다. 매일 돌아가면서 한 장씩 보거나 초두에 동그라미가 그려져 있는 단락을 끊어서 읽었다. 예배가 절대 지루해지면 안 된다는 생각에 읽은 말씀에 한두 마디 설명만 짧게 거들었다. 그리고 각자 기도제목을 나누고 통성기도를 한 후 마지막 주기도문으로 마쳤다. 10분에서 15분 정도 걸렸다.

요한복음을 다 읽은 다음에는 마태복음으로 돌아와서 요한계시록까지 꾸준히 읽어갔다. 기나긴 구약도 성실하게 가로지르고 다시 신약으로 넘어와 이제 히브리서 언저리를 열심히 들여다보고 있는 중이다. 매일 반복하다 보니 꽤 많이 읽은 듯싶었다. 중학교, 초등학교에 다니는 아이들도 성경을 처음부터 끝까지 같이 훑어봤다. 큰 수고를 들이지 않고 예수님이 어떤 분인지 알려줄 수 있었다.

아침에 여러 생각을 하게 됐다. 솔로몬이 왕위에 오르고 나서 맨 처음 하나님께 구한 것은 지혜가 아니라 '들음'이었다는 사실을 새롭게 알았다. 베드로가 물고기 한 마리 잡지 못하고 밤새 헛고생하느라 힘이 빠졌기에 예수님의 말씀을 들을 수 있었던 게 아닐까. 깊이 공감했다. 하루를 말씀에 온전히 몰두하지는 못하지만 아침에 잠깐 읽는 말씀이 경청의 단초가 됐으면 하는 바람은 캄캄한 밤이 되어도 그대로였다.

유광수 작가는 고등학생이 된 후 성경을 처음 펼쳐 읽었다. 일주일 동안 신약성경을 전부 읽어 오는 것이 교회 전도사님이 내주신 숙제였다. 남동생이 열심히 읽는 것을 보고 또 상 받으려고 저러는구나 싶었지만, 주일에 전도사님이 크게 칭찬해주시는 걸 보고 신선한 자극을 받았다. 성경 읽기가 무척 중요한 것이라는 생각이 그때 각인이 됐다.

모르는 말이 시도 때도 없이 튀어나와 다음 문장으로 넘어가기가 쉽지 않았지만 열중해서 읽다 보면 무슨 얘기를 하고 있는 것인지 대략 큰 그림이 그려졌다. 성경의 여러 이야기가 전체를 보는 눈을 갖게 해줬다. 독해력도 크게 늘었다. 글을 읽으며 이미지를 떠올리는 연습을 하는 데 성경만큼 좋은 도구를 유광수 작가는 달리 찾지 못했다.

“과연 요셉이 언젠가 기필코 총리가 되고 말겠다는 각오를 다지며 감옥 생활을 했을까요? 그렇게 불철주야 애끓는 마음으로 기도해서 총리가 됐다고 쳐봐요. 그런 사람들은 반드시 보복하거든요. 억울함을 보상받으려고요. 저는 요셉이 자신이 처한 상황을 즐겼을 것 같아요. 마음 비뚤게 먹지 않고 감사하며 살았기 때문에 총리가 되고 나서도 그가 해내는 일들이 행복했을 것이라고 생각해요. ‘주께서 나의 길을 인도하셨습니다!’라고 고백하게 되는 이유는, 앞으로 어떻게 될 것을 미리 알고 있었기 때문도 아니고, 모든 것이 합력하여 선을 이룰 것이라고 굳세게 선포했기 때문도 아닌 것 같습니다. 세월이 흐르고 삶의 궤적 궤적마다 하나님이 이끌어주셨음을 신앙의 눈으로 되돌아볼 때 진정한 감사의 고백이 우러나오는 것 같아요.”

하나님의 뜻을 막고 있는 것 같아 대학원으로 다시 돌아왔다. 돈만 벌고 있을 때가 아닌 듯싶어 소설을 썼다. 문학상을 수상하면서 남은 빚이 정리되었고, 두드렸더니 모교 교수로 재직할 수 있는 길이 열렸다. 다들 다른 사람이 유력하다고 예상하는 가운데 급하게 판이 뒤집어졌다. 『진시황 프로젝트』에 이어 2011년 봄에 펴낸 『왕의 군대』도 영화로 제작해보자는 말이 벌써 일찌감치 오갔다. 앞으로 하고 싶은 일을 말하라면 기가 막히게 재밌는 소설을 쓰는 것이라고 대답하고 싶다. 사람들이 자신의 소설에 감동하고 희망을 얻으면 좋겠다고.

죽을 때까지 한 치 앞도 못 보고 살 것만 같다. 수시로 불만을 품고, 때때로 기뻐하며 지낼 게 뻔하다. 그렇지만 훗날에는 "주님이 저와 함께 계셨군요!"라고 고백할 듯싶다. 느낌이 온다. 그래서 최선을 다해서 그때그때 즐겁게 누리려고 한다. 예수님이 말씀하시는 대로 하나씩 실천하면서 행복하게 지내는 거다. 요즘 유광수 작가의 묵상 테마다.

# ▪ 어린아이의 마음으로 따라오기를 바라신다

■

## 김희경 작가

심각한 마음의 병을 앓고 있는 친구를 만난 뒤 마음에 대해 공부를 했다. 시각장애 어린이들과 미술관 투어를 하고 점자촉각책을 만들어준 일이 계기가 되어 아동문학 작가가 되었다. 마음을 집에 빗대 쓴 책으로 어린이책의 노벨상이라 불리는 라가치상을 수상했다.

**쓴 책** 『지도는 언제나 말을 해』, 『마음의 집』.

**옮긴 책** 『렘브란트』.

아무 것도 염려하지 말고 다만 모든 일에 기도와 간구로, 너희 구할 것을 감사함으로 하나님께 아뢰라 그리하면 모든 지각에 뛰어난 하나님의 평강이 그리스도 예수 안에서 너희 마음과 생각을 지키시리라

빌4:6~7

'저 사람……, 마음이 있기나 한 걸까?'

의구심이 일었다. 일 때문에 알게 되었다. 자신처럼 글을 쓰는 친구였다. 친해지려 일부러 시간 내서 만나고 밥도 같이 먹으며 상냥하게 굴었는데도 도통 가까워진다는 느낌이 들지 않았다. 다른 사람 같으면 살짝 눈치 봐가며 기분도 맞춰주고 친근하게 대해주려고 할 텐데 그 친구는 전혀 그런 맛이 없었다. 똑똑하고 아는 것도 많았지만 친밀감이 뭔지는 모르는 듯했다. 표정은 줄곧 시큰둥했고 돌아오는 대답 역시 정감 있는 말과는 다소 거리가 있었다.

가만히 보니 자기가 몇 번 불러낸 것 말고는 딱히 친하게 지내는 사람이 없었다. 그 친구에게 다른 사람은 늘 관심 밖이었다. 사회생활이 답답하게 막혀 있었고 관계는 심하게 메말라 있었다. 혼자 할

수 있는 일을 직업으로 갖고 있어서 그나마 다행이었다. 마음을 꽁꽁 숨겨두고 사는 사람을 곁에 두고 본 것은 그 친구가 처음이었다. 놀란 가슴을 가라앉히는 데 생각보다 오랜 시간이 걸렸다.

책을 들춰 보다 알게 되었다. 아스퍼거 증후군을 앓고 있는 것 같았다. 책에 나오는 증상과 친구의 반응이 상당히 비슷했다. 자폐의 일종이라고 했다. 감정을 공유하고 나누는 데 서투르다는 내용도 있었다. 자신의 마음을 드러내는 일이 무척이나 힘겹고 타인의 마음도 쉽게 이해하지 못하는 심각한 병이었다.

마음이란 게 어떤 건지 궁금해졌다. 숱하게 써왔고 시도 때도 없이 사용하는 말이지만 막상 깊게 생각해보니 마음에 대해 아는 게 없었다. 큰 서점을 드나들어봐도 깔끔하게 정리된 책은 눈에 들어오지 않았다. 심리학 책이 조금 가깝긴 했지만 속 시원한 풀이를 내놓지는 못했다. 들여다볼수록 모르는 것투성이다.

심금 울리는 노래를 듣거나 명품 연기를 접하면 오스스 소름이 돋는다. 징그럽고 끔찍한 장면을 대해도 살갗이 도톨도톨 올라온다. 피부 구석구석에 마음이 베어 있는 것은 아닐까 상상해보기도 했다. 사랑하는 사람 앞에 서면 심장이 쿵쾅거리는 것으로 봐서 가슴 안쪽에 있을 것 같기도 했다. 가슴에 손을 대며 자기 마음을 가리키는 것은 외국 어디를 가도 매한가지였다. 마음이 뇌에 있다는 과학자들의 견해는 이해하기 어려웠다. 왠지 마음이 머리에만 국한되어 있을 것 같지 않다.

마음을 공부해보기로 했다. 누구에게나 마음이 있지만 그것을 실제로 봤거나 만져본 사람은 단 한 명도 없다. 신경 써서 보니 성경 곳곳이 마음이라는 단어로 북적거렸다. 설교 역시 대부분 마음에 관한 얘기였다. "그래서 그때 어떤 마음이었는데?"라고 묻기도 많이 물었다. 마음을 입 밖에 낼 때 사람들이 무슨 말을 갖다 붙이는지도 유심히 살폈다.

'마음이 무너진다', '마음이 열린다', '닫힌다', '견고하다', '지킨다' 등 마음을 은연중에 건축과 연결시키는 경우가 굉장히 많았다. 마음과 짝을 이루는 말로 문, 창문, 벽 같은 단어도 곧잘 쓰인다. 구조를 갖고 있다는 뜻으로 들렸다. 형태가 있고 공간이 있다고 의심 없이 믿고 있는 듯했다. 마음에 대해 어떻게 써볼까 궁리하다 지구촌 모든 사람이 다 아는 집을 떠올렸다. 각기 주인이 있고 크기와 그 안의 모습도 저마다 다를 터. 제목이 '마음의 집'이 되었다.

"제 마음은 확 트인 원룸 모양을 하고 있을 것 같아요. 누구나 부담 없이 와서 편하게 쉬었다 갈 수 있고요. 왁자지껄 조곤조곤 항상 유쾌하게 생각과 감정을 주고받아요. 작은 방 하나가 있어서 혼자 있고 싶거나 긴히 생각할 게 있으면 잠시 들어갔다가 나올 수 있으면 좋겠네요."

"좋은 사람을 만나는 것은 하나님의 축복이다. 그 사람과의 관계를 지속시키지 않으면 축복을 저버리는 것과 같다."

세계 최대 컴퓨터 제조업체 휴렛 팩커드의 창업자 데이비드 팩커드가 한 말이다. 관계가 복을 얻는 통로이고 풍성한 삶으로 이끄는 길이 됨을 알려준다. 사람과 사람, 마음과 마음이 만나면 관계가 일어난다. 뾰족한 쪽으로 서로 아프게 찌르기도 하고 둥글게 닿아 특별한 무언가를 만들어내기도 한다.

2008년 봄 무렵, 14세기 화가 지오토(Giotto)가 스크로베니 예배당에 남긴 벽화를 보러 이탈리아 북부의 도시 파도바(Padova)로 달리는 기차를 탔다. 김희경 작가는 수줍게 『마음의 집』 원고를 꺼내 들었다. 한동안 마음만 생각하며 다녔다. 머릿속으로 썼다 지우고 다시 적어 넣기를 수없이 반복하며 이야기를 한 줄 한 줄 엮었다. 그것을 글로 옮기는 데 채 하루가 걸리지 않았다.

이보나 흐미엘레프스카 선생과는 방금 막을 내린 볼로냐국제아동도서전에서 첫인사를 나눴다. 한국에서만 열 권 웃도는 책을 낸 제법 알려진 그림책 작가였다. 그림책 기획자 이지원 씨도 같이 앉아 있었다. 폴란드에서 일러스트레이션으로 박사 학위를 받아 그쪽에 폭넓은 인맥을 두고 있었다. 이지원 씨가 즉석에서 폴란드 말로 바꿔서 읽어주자 이보나 선생이 두 사람을 번갈아 쳐다보며 이것저것 묻더니 그림은 자기가 그리게 해달라고 부탁했다.

김희경 작가는 두말 않고 뜻밖의 제안을 받아들였다. 이보나 선생의 그림은 깊이가 있다는 평이 자자했다. 조금은 철학 냄새가 나는 자신의 글과 함께해도 밉지 않게 어울릴 것 같았다. 다른 사람과 같이 작업하지 않기로 유명한 분이 선뜻 나서줘서 기쁨이 더했다. 김희경 작가는 웃음을 머금고 얼른 악수를 청했다. 이보나 선생도 만족스러운 듯 밝은 표정으로 손을 내밀었다.

"한참 지난 다음에 들었는데 이보나 선생님이 처음 제 글을 읽고 말과 말 사이에 또 다른 의미가 숨어 있는 것을 느끼셨대요. 그것을 나타내 보이려 고심에 고심을 거듭했다고 해요. 먼 국적도 아랑곳 않고 현격한 세대 차이도 가뿐히 뛰어넘어 통할 수 있는 게 마음인가 봐요. 이보나 선생님은 장성한 자녀를 넷이나 둔 중년 아줌마예요. 사위랑 며느리도 보셨대요. 한국과 폴란드라는 전혀 다른 곳에서 서로 다른 생각을 하며 살아왔는데도 둘이 잘 맞았어요. 같은 여자라서 그런지 예쁘고 아기자기한 거 되게 좋아하고, 꽃 보면 감동하고……. 쓰는 말이 달라서 소통에 제한이 있긴 했지만 작업에 특별히 어려운 것은 없었어요."

이듬해 볼로냐에서 다시 만나 받아 본 스케치는 상상 이상이었다. 천천히 펼치면서 보라고 이보나 선생이 귀띔해줬다. 김희경 작가는 눈을 가까이 대고 조심스레 그림을 넘겼다. 멈춰 있는 지면에 움직임을 불어넣은 듯했다. 어린아이가 무릎을 까딱까딱 흔들며 구석에서 엎드려 노는가 하면 밥상 앞의 아빠는 혼자 먹기가 싫었는지 연신 고개를 떨어뜨리는 것처럼 보였다. 잠든 아기를 안은 할머니는 다음 장으로 넘어가려 하자 조용히 팔을 끌어당겨 아기에게 입을 맞춰주었다.

펴는 각도를 조금씩 달리하거나 한쪽 면을 볼록하게 만들어서 봐도 움직임이 일었다. 펼친 이쪽 면과 저쪽 면이 연관되어 양쪽이 관계를 가져야 메시지가 전달되게끔 매 페이지가 구성되어 있었다. 단순히 글만 설명해주는 그림이 아니었다. 회의 차 모였던 사람들 모두 감탄하며 박수를 쳤다. 아직 색을 입히지 않은 초벌 스케치였는데 말이다. 연필로 밑그림만 잡아놓았는데도 대단하다는 말이 절로 나왔다.

십 수 년도 훨씬 더 되었다. 빌립보서 말씀을 무시로 외우며 지냈다. 버스 정거장으로 잰걸음을 하며, 지하철 손잡이를 잡고 서서 틈나는 대로 4장 6절, 7절을 읊었다. 습관이 되어 별생각 없이 중얼거릴 때도 많았다. 아무것도 염려하지 말라는 사도 바울의 권면이 왠지 든든했다. 일이 안 풀리거나 앞날이 고민되면 하나님의 평강이 마음과 생각을 지키신다는 말씀에서 은은한 위로를 얻었다.

한가로운 여름방학 때였다. 김희경 작가는 며칠 시간을 보내고 올 겸 평소 잘 나가지도 않던 청년부 수련회에 따라갔다. 그다지 뜨겁지도 않고 그렇다고 냉랭하지도 않은 미지근한 쪽을 주로 택해 살았다. 세상이 줄 수 없는 뭔가가 있다는 것을 엄마 뱃속에서부터 알았지만 대학생이 되도록 제대로 겪어본 적이 없었다.

강원도 태백 폐광촌은 가난하다 못해 을씨년스럽기까지 했다.

말이라도 붙여보려고 문을 두드리면 다들 웃음기 가신 얼굴로 바깥을 내다봤다. 옷차림도 허름하고 너절너절했다. 하나 있는 구멍가게는 15분을 쉬지 않고 걸어가야 나왔다. 어이없게도 파는 물건이 하얀 치약 두 개와 뜯긴 박스에 남은 초코파이 네 개밖에 없었다. 황량한 기분을 떨쳐내기가 어려웠다.

그런 곳에도 뜻을 품고 헌신하는 목회자가 있었다. 사는 게 약간 불편하고 살림이 넉넉지 않을 뿐 마음은 늘 풍족하다고 목사님 얼굴에 쓰여 있었다. 마을 사람들을 친구로 삼아가는 사연, 예수님 한 분만으로 만족하다는 고백을 듣는데 코끝이 찡했다. 오후내 가슴이 울컥울컥거리더니 갑자기 뜨거운 눈물이 쏟아져 내렸다. 몇 시간을 내리 울었다. 가냘픈 몸에서 어쩜 이렇게 많은 물이 나올 수 있는지 의아해하면서도 울고 또 울었다.

한참을 지나자 안도감이 밀려왔다. 마음이 몰라보게 편안해졌다. 이제껏 느껴온 것과 분명 달랐다. 하나님 앞에서 계속 깨어지지 않으면, 그분과 화목한 관계를 맺지 않으면 얻을 수 없는 평안이란 생각이 불현듯 일었다. 아무도 가르쳐주지 않았지만 그것이 성경이 말하는 평안이라는 것을 이내 알 수 있었다.

"왜 그랬는지 잘 모르겠어요. 깊은 회개가 되더라고요. 잘못했다는 말밖에 나오지 않았어요. 오래도록 방황했는데도 변함없이 지켜봐주시고, 죽기까지 사랑해주시고……. 그런데도 저를 증오하거나 미워해본 적이 한 번도 없었다고 말씀해주셨어요. 정말 안심이 되었죠."

대학원에 들어가서는 정신이 하나도 없었다. 학부 졸업 후 미술 세계라는 월간 잡지사에서 기자로 일하다 배움이 고파 현대미술사를 공부하던 참이었다. 학부 시절에도 그림책을 유달리 즐겨 보았다. 도서관에서 친구들이 전공 관련 책을 뒤적이거나 이름 있는 소설을 찾아볼 때 김희경 작가는 예술 서적 구역을 맴돌았다. 일련번호 900번대 자리에는 저명한 화가들의 그림을 모아놓은 책들이 줄줄이 꽂혀 있었다. 워낙 비싸 사 보기 힘든 책을 대여섯 권씩 쌓아놓고 봤다. 시간 가는 줄 모르고 행복하게 들여다보던 기억이 새롭다.

그해 아버지는 큰 수술을 두 차례나 받으시더니 대학원에 입학하자마자 가족들을 남기고 먼저 하늘나라로 떠나가셨다. 믿고 의지해왔던 관계가 끊어진 뒤의 그리움과 상실감은 무척이나 버거웠다. 재정적 어려움도 피부에 확 와 닿았다. 학비와 생활비 둘 다 한꺼번에 짊어지기는 그때가 처음이었다. 매달도 아니고 가끔씩 용돈이라도 받으면 좋겠다고 잠깐 생각한 적이 있는데 막상 그것마저 혼자 해결해야 할 처지에 놓이니 아버지가 없는 허전함은 더해갔다.

여유를 부릴 새가 없었다. 수업은 수업대로 들으면서 아르바이트를 해댔다. 강의가 비는 시간에는 학과 조교로 잔심부름을 하고, 저녁 무렵에는 미술학원에 출근해 인턴으로 일했다. 주말에도 시간을 떼어내 과외 선생 노릇을 해야만 했다. '내가 지금 뭐 하고 있는 거지? 이러려고 공부하겠다고 한 게 아닌데…….' 뜻하지 않게 공부는 항상 뒷전이었다. 공부에 전념할 수 없어 답답하고 속상했던 적이 한두 번이 아니었다. 헛웃음이 튀어나오기도 했다.

"올해는 제발 돈 걱정 안 하고 살게 해주세요!"

송구영신 예배 때마다 전전긍긍하며 기도했다. 학사 학위를 받고 나서 프리랜서로 활동하다 보니 수입이 일정치 않았다. 일용직마냥 일한 날수만큼 계산되어 돈이 들어왔다. 꼭 하루살이 같았다. 사실 비행기 타는 것도 무서워했을 정도로 잔걱정이 많았다. 때맞춰 옷을 못 사 입을까 봐, 친한 친구들 생일에 선물을 못 줄까 봐 괜히 앞당겨 걱정하며 끙끙 앓았다.

5년 전이었다. 12월 마지막 날 늦은 밤, 여느 해처럼 교회에서 새해 첫 시간을 기다리고 있었다. 한 해를 마무리하며 곰곰 생각해봤다. 빌립보서 말씀도 눈을 감고 잠잠히 되뇌었다. 또 힘든 1년이 되지 않을까 도와달라고 기도하려는데 이상하게 마음이 편했다. 안타깝고 절절하던 마음도 온데간데없었다.

지난 한 해 돈이 궁해서 힘들었던 적이 없었다. 작년과 재작년도 돌이켜보니 돈 때문에 큰 어려움을 겪지는 않았다. 남는 돈 가지고 뭘 할까 고민해본 적이 없었을 뿐 꼭 필요한 곳에 넘치지 않게 적당히 쓰고 지냈다. 가까스로 채웠다기보다는 부족하지 않게 들어왔다는 말이 맞았다. 세밀하게 인도해주시고 이끌어주시는데 너무 걱정만 하며 시간을 낭비한 것 같아 부끄러웠다.

『마음의 집』을 집필할 즈음이었다.

“사랑받고 있다는 느낌에 마음이 짠했죠. 돈이 없는데도 돈을 써요. 다 알아서 채워주셨어요. 통장 잔고가 3만 원뿐이든 수중에 5천 원밖에 없든 그게 중요한 게 아니라는 것을 뒤늦게 깨달았어요. 하나님의 평안이 생각도 지키고 마음도 지킨다고 했잖아요. 그동안 생각이 엇나가지 않게 붙들어주셨고, 마음의 소원도 일찌감치 아시고 차근차근 도와주고 계셨던 거예요. 평안은 염려하지 않고 다 내어맡겨야 길게 간다는 원리도 그때 알게 되었어요. 그래서 어디 다닐 때마다 일부러 기도하면서 다녀요. 걸어가면서 기도하고 차에 타서 앉으면 이어서 기도하고. 꽤 되었어요. 초등학교 때 뭣 모르고 해봤다가 다시 한 건데 되게 재밌어요.”

예수님은 어린아이들을 사랑하셨다. 아이들이 당신에게 오는 것을 막지 말라 하시며 품에 안으시더니 손을 얹고 축복해주셨다. 그리고 제자들에게 “어린아이들과 같이 하나님의 나라를 받아들이지 않는 자는 결단코 거기에 들어가지 못하리라”고 가르침을 주셨다.

김희경 작가는 대학원을 마치고 삼성미술관 리움의 어린이 프로그램 기획자로 나섰다. 선배의 추천을 받았다. 선배는 후배가 어린이를 보면 입가에 웃음이 번지고 교회에서도 거의 10년을 유년부 교사로 아이들과 해맑게 어울린 것을 잘 알고 있었다. 미술관이 개관한지 얼마 되지 않아서였다. 시기도 졸업할 무렵과 잘 맞아떨어졌다.

미술관 수업을 진행하면서 김희경 작가는 새삼 고개를 끄덕였다. 아이들은 정말 그림을 잘 봤다. 어른들은 '이렇게 보는 게 맞나?' 하고 한번 걸러내는 장치를 작동시키지만 아이들은 망설이는 게 없었다. 틀릴지도 모른다는 두려움을 그림 앞에서는 아예 잊은 듯했다. 영악하게 잔머리를 굴릴 줄도 몰랐고 잘 아는 것처럼 보이려 포장하지도 않았다. 감상하고 느낀 그대로를 아이들은 천진하게 가감 없이 말했다. 항상 자신감이 있었다.

"꼬맹이들에게 『마음의 집』을 보여주니까 무슨 이야기인지 다 알겠다고 해요. 뭘 알았느냐고 자세하게 말해달라고 하면 제대로 대답을 못해요. 그냥 받아들이는 거죠. 보는 그대로, 대하는 그대로를 거르지 않고 흡수하는 대신, 아이들은 자기 마음 상태가 어떤지 살펴보는 능력이 떨어져요. 슬픈 일을 당하거나 어려움에 처하면 자기가 왜 힘든지 정확히 알지도 못하면서 그 상황을 고스란히 겪는 거예요. 『마음의 집』을 통해 짧게나마 우리가 품고 있는 마음이란 이런 것이라고, 너도 나도 마음을 지켜갈 수 있다고 아이들을 안심시키고 괜찮다고 위로하고 싶었어요."

김희경 작가는 시각장애 어린이들과도 종종 시간을 같이 보낸다. 한국시각장애인예술협회 '우리들의 눈'은 기자 시절 취재를 다니다가 알게 되었다. 시각장애 어린이들에게 책은 학교에서 배우는 교과서 몇 권밖에 없다는 사실도 그곳에서 접했다. 송곳으로 꾹꾹 눌러 찍은 점자책은 그림을 그려내지 못한다. 『어린 왕자』, 『보물섬』 같은 흔한 책도 시각장애인은 그림 없이 말로만 전해 들을 뿐이다. 이미지, 형상, 모습, 꼴 같은 개념이 없어 휘황찬란한 세상을 보고 사는 비장애인과 공유할 수 있는 부분이 제한적일 수밖에 없다.

'우리들의 눈'에는 점자촉각책을 제작하는 모임이 있었다. 시각장애 어린이들에게 필요한 창작 책을 만들었다. 그림을 만져볼 수 있게 모양대로 종이에 구멍을 내거나 올록볼록 울퉁불퉁하게 종이를 올려 질감을 느끼도록 책을 꾸몄다. 일일이 수작업으로 진행하다 보니 손이 많이 가고 시간도 적지 않게 걸렸다. 단가도 덩달아 올랐다. 몇몇 부잣집 시각장애 어린이만 사서 볼 수 있는 책은 만들어봤자 아무 소용이 없었다. 만 원 안팎의 값으로 대중화를 꾀하기엔 아직 가야 할 길이 멀었다.

아쉽게나마 인쇄 기술로 나타낼 수 있는 것만 표현하기로 했다. 지도 책을 만들어보자고 뜻을 모았다. 시각장애인에게도 지도가 꼭 필요하다고 봤다. 팀원 대다수가 디자인 일을 하거나 미술 관련 전문가여서 원고 작업은 김희경 작가가 맡았다. 혼일강리역대국도지도, 대동여지도, 지하철 노선도, 박물관 안내도, 유전자 지도 등 다양한 지도가 사람을 향해 내는 목소리를 재치 있게 담았다. 그렇게 탄생한 『지도는 언제나 말을 해』는 김희경 작가가 쓴 첫 번째 책이다.

"서울맹학교 방과후 수업에 미술 교사로 나가기도 했고 시각장애 어린이들을 초청해 미술관 관람을 시켜주기도 했어요. 아동문학 작가 자리로 바싹 끌어당겨주는 계기가 될 줄은 몰랐죠. 아, 점자촉각책 모임을 이끌던 팀장이 그림책 기획자 이지원 씨였어요. 정말 하나님의 인도하심이 있었나 봐요. 신기하죠?"

김희경 작가는 시각장애인을 위한 미술관 프로젝트 '모모뮤지엄'을 진행하고 있다. 나이든 시각장애인들에게도 미술관을 접하게 해주고 싶어 판을 좀 키웠다. 1년에 네댓 차례, 보이지 않는 사람 한 명과 보이는 사람 두 명이 한 조를 이뤄 열심히 웃고 떠들면서 미술관을 둘러보는 프로그램이다. 보이는 사람의 일방적 설명은 금물이다. 보이지 않는 사람에게도 듣기만 하지 말고 보이는 사람이 귀찮아할 정도로 질문을 많이 하라고 권한다.

미술관에 소통의 장을 마련해주자는 성격이 짙다. 그림은 대화를 끌어내는 모티브다. 반 고흐의 작품 앞에서 거장 얘기는 감히 한 번도 꺼내지 않고 쓸데없는 말만 계속 늘어놓아도 괜찮다. 대표작 〈해바라기〉의 강렬한 노란색이 인상적이라거나 거친 붓놀림에서 생동감이 느껴진다는 평은 제쳐놓고 어릴 적 해바라기 씨를 맛있게 먹던 추억을 주고받아도 흐뭇하다. 그래서인지 미술관이 생각보다 재미있었다는 사람이 많았다. 그림 감상을 잘했다는 말은 거의 듣지 못했다.

주일 예배를 드리면서 생각이 정리되었다. 예수님은 낮은 자의 모습으로, 소외된 자들의 친구로 이 땅에 오셨다는 설교였다. 뜨끔 찔리기도 하고 조금은 후련하기도 하고, 속이 미묘하게 꿈틀거렸다. 미술관을 찾아온 그네들에게 무언가를 해줘야 한다는 부담이 컸다. 나보다 못한 사람, 내가 도와줘야 하는 존재로만 여겼는데 그게 아니라고 하시는 것 같았다. 불쌍해한답시고 내려다보는 게 문제였다. 마음 때문이었다. 친구가 되어주면 그것으로 족한 거였다.

김희경 작가는 모모뮤지엄에 신청한 비장애인들에게도 안내해준다는 생각은 버려달라고 부탁했다. 자원봉사하러 나왔다는 마음가짐이 장애인들의 기분을 해치고 자존심까지 상하게 할 수 있다고 설득 아닌 설득을 했다. 나도 그림을 잘 모르고 너도 그림이 익숙지 않으니 같이 즐겁게 얘기하면서 작품을 대해보자는 마음으로 바꿔달라고 했다. 자원봉사자들이 잘 이해한 날과 그렇지 않은 날은 사뭇 분위기가 달랐다.

하나님의 마음을 느껴보지도 않고 그분의 뜻을 깨달았다고 말할 수 있는 사람이 과연 있을까. 잠언 기자는 다른 무엇보다 마음을 지키라고 당부한다. 말씀을 대하고 그것을 깊이 생각한다는 것은 하나님의 마음을 고이 받아들인다는 것과 같다. '마음을 내어드린다', '마음에 모신다' 같은 표현도 있다. 순간순간 굽이굽이마다 하나님의 마음이 어떤지 알아가는 일이 바로 묵상이 아닐까?

늦잠을 자다 출판사 편집장의 전화를 받았다. 한국 출판계에 기쁜 일이 생겼다면서 『마음의 집』으로 상을 받게 되었다고 소식을 전해줬다. 볼로냐국제아동도서전에서 주는 라가치상 논픽션 부분 대상이라고 했다.

편집장은 너무 놀라지 말라고 했지만, 수백 권이나 되는 쟁쟁한 작품 중에서 자신이 쓴 책이 제일 괜찮은 책으로 뽑혔다는 게 김희경 작가는 믿기지 않았다. '어린이책의 노벨상'이라 불리는 큰 상이 내게 주어지다니……. 게다가 한국 사람으로는 처음으로 대상을 수상하는 감격까지 얻었다. 심사위원단은 "한 편의 우아한 시다. 소리 없이 울림만으로 이야기를 전한다"라며 극찬했다고 한다.

2011년 3월, 어느덧 네 번째 방문이었다. 볼로냐로 가는 길은 달라진 게 없었다. 초봄 언저리에 도서전이 열리는 것도 예년과 같았다. 상을 받는다는 것 외에는 크게 바뀐 것이 없었다. 시상식 날 좀 바빴고 사인회, 인터뷰 하느라 몇 번씩 불려 다니다 보니 진득하게 책 볼 시간이 없어 아쉽긴 했지만 나머지는 다 똑같았다.

이보나 흐미엘레프스카 선생을 본다는 설렘이 더 컸다. 수상 소식을 듣고 아직 목소리 한 번 제대로 들려주지 못했다. 큰 상은 큰 상이었다. 도서전 첫날 아침, 보자마자 부둥켜안고 펑펑 울었다. 좀 진정했다가 눈이 마주치면 다시 흐느끼고, 사람들에게 인사하다가 북받치는 것 같으면 서로 손을 꼭 붙잡고 훌쩍거렸다. 하루 종일 눈물을 훔쳤다. 그날 찍은 사진마다 얼굴이 달덩이처럼 부어서 나왔다.

이보나 선생은 응어리진 마음을 풀어내는 듯했다. 폴란드에도 우리나라의 한恨과 비슷한 정서가 있다. 유태인 학살로 수많은 사람이 억울한 죽음을 맞았고, 기구한 역사가 대물림해준 가난은 여전히 그대로다. 출판 시장 또한 열악하기 그지없다. 한국은 동화책이 달마다 수십 권씩 쏟아져 나오지만 폴란드에서 출판되는 어린이책은 한 해에 고작 열다섯, 열여섯 권에 지나지 않는다. 고생해서 작업해도 펼칠 곳이 없는 답답한 현실이 이보나 선생도 고단하고 힘겨웠던 거다.

도서전 사흘째부터 김희경 작가는 이보나 선생과 전시장에서 마주칠 때마다 손을 마주 잡고 어린애처럼 빙글빙글 돌며 기쁨을 나눴다. 하늘을 쳐다보며 둥글게 원을 그렸다. 둘만의 세리모니였다. 미리 약속해놓은 게 아니었는데도 그런 동작이 나왔다. 이보나 선생도 무척 행복해했다. 두 사람이 『마음의 집』의 또 다른 한 장을 그리고 있다고 상상하는 것 같았다.

"전화 받고 정말 깜짝 놀랐어요. 2010년에도 『마음의 집』을 출품했는데 상을 못 받았거든요. 출판사에서 연이어 출품했으리라곤 꿈에도 생각 못했어요. 하나님이 작정하셨나 봐요. 『마음의 집』이 워낙 독특한 장르여서 처음에는 출판사에서 내주려고 하지 않았어요. 거절한 출판사도 여러 군데였죠. 라가치상을 받지 않았다면 별로 안 팔렸을 책이에요. 저도 알았고 출판사도 알고 있었어요. 그래도 한번 해보자고, 많이 안 나갈 거 각오하고 만들어보자고 해서 낸 거예요."

김희경 이름을 내건 책이 그림책 두 권밖에 없는 병아리 작가에게 왜 이런 어마어마한 상을 주셨는지 궁금했다. 하나님은 그냥 일하시는 분이 아니니까 그럴 만한 까닭이 분명 있을 것이다. 다른 선한 일을 맡기시려고 발판을 놓으신 것까지는 이해가 되었다. 아마도 마음과 마음을 이어주는 역할일 것이다. 10년 뒤에는 알게 될까. 아직 정확히는 모르겠다.

라가치상 수상식이 열리고 마침 김희경 작가 집에서 교회 구역 식구들과 예배드릴 차례가 왔다. 예배 끝머리에 말씀 카드를 뽑는 순서가 있었다. 어머니가 대신 뽑아줬다. "옷을 찢지 말고 마음을 찢고 하나님 여호와께로 돌아오라"는 요엘서 말씀이었다. 어떻게 소화해낼지 요리조리 생각해봤다. 하나님께 마음을 돌이키는 것은 쭈글쭈글 할머니가 되어서도 계속 할 일이었다. 왜 지금 이때인지가 중요했다. 스포트라이트를 받으며 상을 받은 기억은 당분간 접어두기로 했다. 『마음의 집』에 대해서도 싹 잊고 지내는 편이 낫겠다는 마음이 들었다.

변한 것도 있다. 이전에는 미술관 큐레이터와 작가라는 정체성이 정확히 반반씩이었지만 지금은 작가 쪽으로 중심추가 몇십 도 더 기운 듯하다. 어느 유명 작가는 하루도 거르지 않고 A4 용지 세 장 분량을 쓴다고 했다. 김희경 작가는 실력을 키울 겸, 떠오르는 단상을 잡아둘 겸 끼적끼적 매일매일 노트에 적어두는 습관을 길렀다. 일기장이면서 나름 묵상 노트다. 습작 노트라 불러도 상관없다.

대학원에서 미술사를 공부할 때만 해도 사람의 수고가 들어간 최고의 창조물은 당연히 예술 작품이라고 여겼다. 그러다가 시각장애 어린이들을 만나면서 생각이 달라졌다. 창조의 진수는 다름 아닌 천진난만한 아이들이라는 답을 얻었다. 결혼하고 나니 아이를 낳아 기르며 커가는 모습을 행복하게 지켜보는 것이야말로 가장 놀라운 창조라는 확신이 더해졌다.

"『마음의 집』을 읽고 올린 서평을 보면 자식을 키우며 겪은 가슴 아린 사연이 많아요. 아이들 마음을 이해하게 되었다는 말도 종종 눈에 띄고요. 그림책의 주된 독자는 아무래도 엄마들인 것 같아요. 어른과 어린이가 함께 읽을 수 있는 글을 써나가고 싶어요. 아이들 앞에서 입 밖에 내길 꺼려하는 얘기, 말하기 조심스러워 대충 넘어가게 되는 얘기를 공감이 되는 말로 편안하게 들려주고 싶어요."

# 하나님의 더 깊은 생각



초판 1쇄 인쇄 2012년 7월 24일
초판 1쇄 발행 2012년 8월 10일

지은이 구자천
펴낸이 김동영
편집 황교진 박영숙
본문디자인 배현정 김희숙
제작 고성은
마케팅 조광진 장성준 최금순 박제연 김우진
E-사업부 정의범 조미숙 이혜미

펴낸곳 강같은평화
주소 121-840 서울 마포구 서교동 396-33번지
전화 편집부 02) 324-2347 경영지원부 02) 325-6047
팩스 편집부 02) 324-2348 경영지원부 02) 2648-1311
이메일 rivernpeace@jamobook.com
홈페이지 www.jamo21.net

발행처 이지북
출판등록 2000년 11월 9일 제313-2000-188호

ISBN 978-89-5624-395-5(03230)

강같은평화는 이지북의 기독출판 브랜드입니다.
책값은 뒤표지에 있습니다.
잘못된 책은 교환해드립니다.